CARTOGRAFIA DOS ENCONTROS
Literatura, silêncio e mediação

Cecilia Bajour

CARTOGRAFIA DOS ENCONTROS
Literatura, silêncio e mediação

Tradução Cícero Oliveira

Título original: *Literatura, imaginación y silencio. Desafíos actuales en mediación de lectura*

© do texto: Cecilia Bajour

© desta edição: Selo Emília e Editora Solisluna, 2023

EDITORAS: Dolores Prades e Valéria Pergentino
EDIÇÃO: Cícero Oliveira
PREPARAÇÃO DE TEXTO: Carolina Fedatto
ASSISTENTE EDITORIAL: Renata Herondina
TRADUÇÃO: Cícero Oliveira
REVISÃO: Cícero Oliveira
PROJETO GRÁFICO E DIAGRAMAÇÃO: Mayumi Okuyama

A reprodução não autorizada desta publicação, no todo ou em parte, constitui violação de direitos autorais (Lei 9.610/98)

A grafia deste livro segue as regras do Novo Acordo Ortográfico da Língua Portuguesa.

1ª reimpressão – 01/2025

Dados Internacionais de Catalogação na Publicação (CIP) de acordo com ISBD

B165c Bajour, Cecilia
Cartografia dos encontros: Literatura, silêncio e mediação / Cecilia Bajour ; traduzido por Cicero Oliveira. – Lauro de Freitas : Solisluna Editora ; São Paulo : Selo Emilia, 2023.
184 p. ; 13cm x 18cm.

Inclui bibliografia e índice.
ISBN 978-85-5330-017-4

1. Educação. 2. Ensaio. 3. Formação. 4. Escola. 5. Professores. 6. Mediação de leitura. 7. Livro. 8. Leitura. 9. Literatura. I. Oliveira, Cicero. II. Título.

2023-2788

CDD 370
CDU 37

Elaborado por Vagner Rodolfo da Silva – CRB-8/9410
Índice para catálogo sistemático:
1. Educação 370
2. Educação 37

Selo Emília
www.revistaemilia.com.br
editora@emilia.com.br

Solisluna Editora
www.solisluna.com.br
editora@solisluna.com.br

SUMÁRIO

APRESENTAÇÃO **8**

INTRODUÇÃO **18**

I. LITERATURA **22**

1. LITERATURA, IMAGINAÇÃO E SILÊNCIO: O NÃO DITO COMO LUGAR DE ENCONTRO ENTRE LEITORAS E LEITORES 23

O que a afirmação "abrir a imaginação" parece dizer? 28

A imaginação nas situações de leitura literária compartilhada: A construção de espaços próximos entre imaginários 42

2. JOGO COM PALAVRAS, PALAVRAS EM JOGO 47

Saltar de um mundo para outro: A relação entre jogo e ficção 54

Novos ares de família: Figuras retóricas e jogos 59

Brincar de ser outro: A metáfora 61

Brincar de esconde-esconde ou de adivinhar: A metonímia 67

Jogar com os extremos: A hipérbole 73

A leitura literária em jogo 76

II. SILÊNCIO 80

1. O SILÊNCIO COMO VOZ ABERTA À ESCUTA 81

Quando escutamos outras formas e tempos do silêncio 91

"Silenciografia" e mediações: Os silêncios como forma de aprender sobre arte 97

2. A VOZ NASCE DO SILÊNCIO 102

III. MEDIAÇÕES 120

1. FICÇÃO E VERDADE: DESAFIOS ATUAIS NA MEDIAÇÃO DE LEITURA 121

Primeiro exemplo: Arte visual que desnaturaliza fronteiras 123

Segundo exemplo: A pergunta sobre quem é o dono da verdade em uma ficção infantil 125

Brevíssimas notas sobre "fantasia" e "realidade" 129

Formas atuais de desficcionalização: O politicamente correto como um novo dogma contemporâneo 132

Nem a ficção nem a chamada "não ficção" são quimicamente puras 137

A ficção e seus mecanismos hoje: Desafios para os mediadores e mediadoras 140

2. OS RUÍDOS DO FAZER 142

Primeiro nó: Apaixonadamente incômodos 144

Segundo nó: Tensão entre o planejado e o acontecimento 151

Terceiro nó: Mostrar o fazer sem transformá-lo em espetáculo 155

Quarto nó:
Como narrar e comunicar as práticas de promoção
de forma que a conceitualização e a problematização
sobre o próprio fazer apareçam? 158

Quinto nó:
Tensões e cruzamentos entre "promoção"
e educação em contextos escolares e em contextos
fora da escola 167

NOTAS BIBLIOGRÁFICAS **173**

BIBLIOGRAFIA **179**

APRESENTAÇÃO

Construir pontes para uma leitura aberta a todos os encontros

DIANNE CRISTINE RODRIGUES DE MELO

Construir pontes. Esse foi o convite explícito na dedicatória que Cecilia Bajour escreveu ao autografar para mim o seu célebre livro *Ouvir nas entrelinhas: O valor da escuta nas práticas de leitura*.* Por meio da publicação de textos em diversos suportes e proferindo palestras em diversos países, é exatamente isso que a pesquisadora latino-americana vem fazendo ao longo dos últimos anos: construindo pontes entre professores, mediadores de leitura, crianças, jovens e livros.

---

* BAJOUR, Cecilia. *Ouvir nas entrelinhas: O valor da escuta nas práticas de leitura* (Tradução de Alexandre Morales). São Paulo: Editora Pulo do Gato, 2012.

Não se trata, absolutamente, de reunir conhecimentos acerca do universo literário e fornecer técnicas procedimentais num manual destinado àqueles que trabalham para e na formação de leitores.

Mais uma vez, Cecilia nos desloca. *Cartografia dos encontros: Literatura, silêncio e mediação* é uma obra necessária e esperada por seus leitores, ávidos a dar sentidos às práticas de leitura literária e à formação de leitores. Traz, com sua linguagem didática e convidativa – próprias de quem vivencia muitas das situações que descreve no livro – reflexões fundamentais que nos tiram do lugar comum, nos convocam a questionar o *status quo*, o porquê de repetirmos modelos e estratégias sem pensar criticamente sobre o motivo de aplicá-los e, principalmente, a refletir sobre concepções de leitura e leitores que nos mobilizam à ação.

Neste livro, Cecilia Bajour nos convida a adentrar um espaço de escuta sensível e refletir sobre a importância da imaginação e da indeterminação dos significados na experiência leitora como uma possibilidade de (trans)formação de sujeitos. Em tempos tão difíceis para as infâncias, em que o controle parece ser a salvação para protegê-las de todos os perigos iminentes na sociedade, tudo aquilo que é previsível, moldado, replicado configura um lugar-conforto para algumas famílias e educadores. Nesse sentido, dar lugar ao não dito, à criatividade, às metáforas e à imaginação parece ser um sopro de liberdade para essas infâncias, cada vez mais circunscritas a um mundo inóspito, automatizado e cercado de literaturas "cuidadosamente selecionadas", que não apresentam nenhuma camada explícita ou implícita no texto, capaz de gerar questionamentos, hipóteses e conflitos que os adultos não queiram enfrentar.

Por outro lado, numa sociedade em que todos querem falar, ter suas vozes erguidas e ter seu ponto de vista considerado, não há espaço para a escuta do outro. Apenas uma ecolalia estúpida que não nos leva a nenhum lugar. Lugar este que Cecilia Bajour nos convida a entrar, com a escuta para ditos e não ditos, para compor uma "constelação intersubjetiva de incertezas e certezas", ativar os sentidos, elaborar perguntas e "respostas provisórias" diante dos segredos que "residem na literatura e nos atos de leitura literária".

Larrosa dizia que "para que os processos de elaboração de sentidos sejam mais lentos, menos superficiais, mais tranquilos, mais intensos", é preciso que haja uma reflexão diante do que ele chamou de

"existência" a partir das palavras "experiência e vida".*
Diante de textos literários potentes e desafiadores, temos a oportunidade de vivenciar experiências que nos atravessam como seres humanos. Assim, a polissemia presente na literatura nos proporciona caminhos imaginativos e a chance de construir possibilidades sobre a realidade da vida que se vive. Mas, para isso, é preciso ativar nossos silêncios e viver o tempo da elaboração, da profundidade, da escuta e das perguntas e respostas.

Uma das dificuldades que muitos leitores referem ter, e que é reforçada em resultados de avaliações internacionais como o PISA** e o PIRLS,*** é a compreen-

---

* LARROSA, Jorge. *Tremores: escritos sobre a experiência* (Tradução de Cristina Antunes e Wanderley Geraldi). Belo Horizonte: Autêntica, 2022.

** O Programa Internacional de Avaliação de Estudantes (Pisa), tradução de *Programme for International Student Assessment*, é um estudo comparativo internacional que oferece informações sobre o desempenho dos alunos na faixa etária dos 15 anos, nos domínios de leitura, matemática e ciências.

*** O Estudo Internacional de Progresso em Leitura (PIRLS), tradução de *Progress in International Reading Literacy Study*, avalia habilidades de leitura dos estudantes do 4º ano do

são e interpretação de textos. Em alguma medida, isso se dá pela educação bancária a qual muitos de nós fomos submetidos. Não nos foi permitido pensar a partir de nossas próprias histórias, levantar hipóteses, questionar, criticar, imaginar, criar possibilidades, pois o que se esperava era sempre uma resposta certa, única, previsível. Ao recorrer aos estudos de Vygotsky sobre criatividade, de Bakhtin sobre a construção de sentidos e de Lakoff e Johnson sobre as metáforas da vida cotidiana, Bajour ressalta que as metáforas presentes na literatura e na nossa forma de compreender o mundo têm o poder de transcender a lógica objetivista da leitura única, do sentido literal. Elas nos convidam a explorar a riqueza da imaginação, a mergulhar nas inferências, a abraçar imprevisibilidades, a conceder subjetividades e a redescobrir significados em constante ressignificação.

A linguagem figurada é a base para a compreensão dos textos literários. É um exercício de negociação de sentidos e múltiplas leituras, não só linguísticas, mas de conhecimento do outro, de outras realidades

---

ensino fundamental, com o objetivo de analisar tendências de compreensão leitora, além de coletar informações sobre os contextos de aprendizagem.

e pontos de vista, uma oportunidade para o desenvolvimento da alteridade. Cecília nos convida a "saltar de um mundo para outro e tonificar nossos músculos lúdicos", desmistificando as figuras de linguagem e convocando a todos para brincar e criá-las. Brincar e jogar a partir da linguagem figurada pode, segundo a autora, nos levar a modos desafiadores de ler, pois ao abrir múltiplas possibilidades criativas de interação com os textos, exercemos, como leitores, nossa liberdade para explorar e estabelecer sentidos.

O livro também enfatiza a importância dos silêncios e como eles são compreendidos por nossos diversos sentidos. Em tempos de tensão e disparidade entre vozes e silêncios vividos dramaticamente em nossa América Latina, a obra de Bajour se mostra relevante ao destacar as manifestações do silêncio em sua dimensão política. Ela aponta para o silenciamento antidemocrático e para as lutas e conquistas em questões de gênero, revelando dolorosas desigualdades e assimetrias entre adultos e crianças. Entre escutar e calar nas práticas de leitura, Bartolomeu Campos de Queiróz, diz que "a literatura, por não ignorar as fantasias humanas, traz à tona questões particulares que residem na intimidade mais profunda de nós, desde a inquietação do nascimento até o mistério da morte. A literatura conversa com o nosso silêncio".* É nessas conversas que a autora se refere à disponibilidade de um acolhimento sensível para dar "outros sentidos com a polifonia de dizeres e calares que habitam toda leitura" e, assim, deixar emergir a "voz do silêncio". Nessa direção, ao longo da obra, Bajour explora toda sua experiência com os livros infantis e juvenis, os livros-álbum, e faz um chamado sobre a seleção criteriosa de obras, propondo uma discussão acerca daquelas que não escolheríamos, permitindo-nos respeitar o não dito e reconhecer a riqueza presente nas entrelinhas.

Em "Mediações", ela discute a tendência da sociedade contemporânea em aceitar enganos e informações falsas como verdade. Isso pode ser visto em práticas de comunicação social, como o jornalismo e a propaganda política, em que elementos da ficção são usados para manipular e influenciar as pessoas. A escritora traz à tona a fronteira difusa entre ficção e realidade nos tempos atuais, destacando a necessidade de refletir sobre como isso afeta a literatura infantil, que desde sempre foi usada para "dogma-

---

* QUEIRÓS, Bartolomeu Campos de. *Contos e poemas para ler na escola*. Rio de Janeiro: Editora Objetiva, 2014. p. 67.

tismos de diversas ordens", as experiências de mediação de leitura e a nossa democracia. O capítulo também aponta para os desafios enfrentados pelos mediadores e mediadoras de leitura nesse contexto. Um deles, segundo a autora, consiste em possibilitar às crianças o acesso a diversos textos ficcionais, para que compreendam suas manifestações culturais e históricas, ao mesmo tempo em que são incentivadas a desenvolver um olhar crítico sobre as narrativas que consomem.

Por fim, Cecilia Bajour nos chama a refletir sobre a prática dos mediadores de leitura com um texto produzido a partir de uma conferência realizada por ela em Bogotá. Nesse texto, dirigido aos mediadores de leitura, ela propõe uma discussão acerca das ações de "promoção à leitura", fundamental para "olhar com estranheza" para o que fazemos, de modo que essas ações de promoção sigam perenes, afetadas pela paixão, mas que possam ser ressignificadas a partir de reflexões da prática situada. Procura, num texto dialógico, com referências práticas e inspiradoras, desatar os "nós de intranquilidade", os dilemas com os quais os mediadores de leitura se deparam todos os dias durante as práticas de leitura literária em espaços escolares e não escolares.

O encontro com esta obra mobiliza educadores(as), professores(as) e todos os interessados numa formação de leitores que estimule a reflexão, a criatividade e a sensibilidade, confiantes em uma sociedade mais empática, crítica e transformadora. Que este livro seja amplamente lido e discutido, promovendo um diálogo profícuo sobre a importância da formação de leitores em tempos tão complexos e desafiadores para as infâncias e para a sociedade. *Cartografia dos encontros: Literatura, silêncio e mediação*, proposta por Cecilia Bajour, é uma obra profundamente relevante para as necessidades do mundo atual. Sigamos construindo pontes e experimentando uma conexão mais profunda conosco mesmos e com o mundo ao nosso redor, possibilitando a formação de leitores mais sensíveis, críticos e empáticos em meio às complexidades e desafios do século XXI.

INTRODUÇÃO

Em 2020, a Biblioteca Nacional do Peru publicou, na coleção Leitura, biblioteca e comunidade, o livro *Literatura, imaginación y silencio. Desafíos actuales en mediación de lectura*.

Os três artigos incluídos neste volume nos convidam a refletir sobre o papel da imaginação em diversas situações de leitura; sobre o lugar da escuta e do silêncio nas conversas sobre leitura literária e sobre problemas vinculados à relação entre ficção e verdade em um momento em que o politicamente correto tem consequências cada vez mais preocupantes no campo da literatura infantil e juvenil e suas diversas mediações.

Cartografias dos encontros: Literatura, silêncio e mediação inclui os três textos da edição peruana e acrescenta outros três que dialogam com os eixos conceituais ali propostos, abrindo outras perspectivas.

A reflexão sobre a imaginação e sua relação com a metáfora, tanto em textos quanto em situações de leitura de textos artísticos, é a busca central em "Literatura, imaginação e silêncio: O não dito como lugar de encontro entre leitoras e leitores". A potência da atividade imaginária também é explorada em "Jogo com palavras, palavras em jogo", artigo centrado nos vínculos entre as brincadeiras que surgem na infância e as figuras retóricas mais próximas da interação entre o que se diz e o que não se diz, aquilo que é mostrado e sua ausência.

As múltiplas possibilidades do silêncio e a potência da escuta nas diversas situações de leitura e nas decisões de mediação são abordadas em "O silêncio como voz aberta à escuta". Este texto se articula com "A voz nasce do silêncio", enfocando algumas formas pelas quais o silêncio participa dos textos e que podem ser levadas em consideração por aqueles que atuam como mediadoras e mediadores ao fazerem propostas de leitura que multipliquem os sentidos possíveis.

Embora todos os textos incluídos no livro tenham como objetivo contribuir para a reflexão sobre diversas práticas de leitura e mediação, na última seção, denominada "Mediações", o foco é colocado na problematização de algumas tendências que se naturalizam na chamada "promoção da leitura", convidando à discussão de discursos supostamente bem-pensantes acerca das consequências da leitura na vida das pessoas e propondo caminhos que aprofundem a valorização do leitor como ser criativo e livre.

"Ficção e verdade: Desafios atuais na mediação de leitura" aborda como principal problema o valor da ficção nos textos artísticos, em particular na literatura infantil, e as demandas de correspondência com o mundo real que muitas vezes têm como consequência o esquecimento do caráter ficcional do literário, que costuma levar à instrumentalização das ficções, reduzindo-as a um sentido único e predeterminado.

Em "Os ruídos do fazer", a partir de uma série aberta de nós problemáticos sobre a mediação da leitura, propõe-se desnaturalizar alguns modos de agir e pensar em torno da leitura e das leitoras e leitores que frequentemente são observados em programas e políticas destinadas para essa área da cultura e da educação.

I. LITERATURA

1. Literatura, imaginação e silêncio: O não dito como lugar de encontro entre leitoras e leitores

A palavra imaginação é um termo "esponja" que pode absorver muitos significados possíveis. É um desafio para o pensamento contrapor a tendência à generalização e a certa aparência amorfa ou inefável quando tentamos descrever seu funcionamento. No caso da leitura literária, nos questionarmos sobre aquilo que chamamos de "imaginação" quando lemos e falamos com outras e outros sobre livros pode ser uma chave para ativar e intercomunicar os imaginários dos leitores e leitoras e, assim, propiciar diálogos e redes. Se levantarmos a hipótese de que a imaginação se sustenta em grande medida na construção do não dito, conhecer algumas das manifestações do silêncio na literatura infantil – mas não só nela – é um caminho para possibilitar encontros enriquecedores entre leitoras e leitores. Um poema de Denise Levertov* pode ser uma abertura para começar a olhar de perto a filigrana do elo entre imaginação e silêncio.

O segredo

Duas meninas descobrem
o segredo da vida
no inesperado verso
de um poema.

Eu, que não conheço o
segredo, escrevi
esse verso. Elas me
disseram

(por um terceiro)
que o tinham achado
mas não qual era ele
nem sequer

---

* Denise Levertov (1923-1997) foi uma poeta, escritora e tradutora inglesa, radicada nos Estados Unidos e muito ligada à chamada geração *beat* (N.T.).

qual o verso. É claro que
agora, uma semana
depois, já esqueceram
o segredo,

o verso e o nome do
poema. Eu as amo
por terem encontrado
o que nunca encontrei,

e por me amarem, a mim
que escrevi o verso,
e por já o terem esquecido,
de modo que,

mil vezes, até que a morte
as alcance, elas podem
tornar a descobri-lo, em outros
versos,

em outros
fatos. E as amo por
desejarem conhecê-lo,
por

> presumirem que existe
> tal segredo, sim,
> por isso
> sobretudo.[1]

Algumas palavras e frases chocantes e inquietantes resplandecem no poema de Levertov, como "segredo", "desejar conhecer", "descobrir", "presumir". Tentarei seguir seu resplendor para nos aproximarmos das células vivificantes do imaginário encarnado no dizer e no calar da poesia.

Na cena do poema "O segredo" é possível vislumbrar uma rede de cercanias encadeadas em vozes. De um lado, as dessas duas meninas que leem ou escutam poesia quando descobrem juntas um verso revelador. De outro, a de um terceiro por meio do qual a enunciadora do poema toma conhecimento do achado. E, ao longo do poema, a dela mesma, porta-voz do eu e evocadora da figura autoral, na qual se encerra "o segredo da vida" para essas leitoras. Segredo que goza da liberdade de ser esquecido e redescoberto mil vezes. A essa trama podemos somar o encontro próximo e pessoal de cada um de nós que lê ou escuta o poema como possíveis cúmplices dessa descoberta que nos é confiada. Talvez para algumas e alguns, esses versos que contam sobre o segredo descoberto por duas meninas nos revelem outro segredo aninhado dentro de nós, desconhecido até a leitura do poema. Ninguém pode ter domínio absoluto sobre as ressonâncias imaginárias daquilo que é lido.

Assim como parece acontecer nesse poema (uma microficção em que se conta uma intensa história mínima), o encontro próximo com o lido e o escutado que é ativado em cada leitora ou leitor poderia ser multiplicado para um plural, uma confluência de espaços próximos: como uma constelação intersubjetiva de incertezas e certezas que podem ser acionadas em situações de leitura. Mesmo quando se trata de uma leitora ou um leitor em um encontro a sós com um texto, há sempre, tanto em estado de latência quanto em estado de concreção, a possibilidade de uma passagem para um mundo que não se fecha sobre si mesmo, mas que estende laços com os mundos de outros leitoras e leitores e de outros textos.

É na relação próxima e cúmplice com as tramas de palavras, imagens e silêncios dos textos que as leitoras e os leitores podem se sentir convocados como protagonistas da construção de sentidos.

Por isso comecei este texto com um poema que tem a ver com o segredo, o que acende a faísca do querer saber, o que retalha a informação para dar lugar ao desejo de buscá-la.

Penso no segredo que reside na literatura e nos atos de leitura literária como aquilo que, na textualidade, não se deixa capturar, mas, ao mesmo tempo, incita a ativação de sentidos, levanta questões e respostas provisórias. Quando encontram textos que fazem o desejo da atividade interpretativa vibrar a partir do equilíbrio, tanto entre o que eles dizem e o que escondem quanto nos modos de codificar o enigmático, muitos leitores e leitoras costumam dizer que essas leituras "abrem a imaginação" ou "permitem imaginar".

O que a afirmação "abrir a imaginação" parece dizer?

Uma primeira entrada para a questão pode partir de seu oposto, isto é, considerar o que caracteriza aqueles textos que, como dizem alguns leitores e leitoras, "não te deixam imaginar": textos sem segredo, sem enigma, em que tudo, ou quase tudo, parece estar dito. Ou que se eles têm um segredo, este é resolvido pelo próprio texto a partir de distintas manobras que reduzem, ou anulam diretamente, a possibilidade de criar imagens e acionar, nas cabeças e retinas, as usinas dos modos subjuntivo e potencial, tão aliados das perguntas e dos imaginários: "e se fosse assim?" ou "o que aconteceria se...?".

Costumo chamar de "verborrágicos" a esses textos que exageram e cobrem os interstícios ou as lacunas por onde é possível entrever significados, fazer hipóteses, fabular, nos questionarmos, nos respondermos.

O excesso no dizer e no mostrar surge de certas representações acerca das leitoras e leitores como carentes, incapazes, inexperientes e necessitando de orientações claras e, em geral, unívocas. O temor de que não se compreenda ou de que a interpretação se desvie dos sentidos previstos, às vezes dogmaticamente, faz parte desses preconceitos que refreiam o livre fluxo das leituras. Assim, predomina uma postura controladora dos sentidos, que se manifesta em decisões visíveis tanto no plano dos textos literários quanto nas formas como eles são lidos. No nível linguístico, esse posicionamento pode ser encontrado em explicações desnecessárias que poderiam ser resolvidas com o contexto e o próprio texto (no qual não se confia), reiterações excessivas, perguntas retóricas que parecem induzir a uma resposta prevista de antemão, finais previsíveis carregados de sinais sobre como interpretá-los ou apelos superprotetores aos leitores e leitoras. Na linguagem da ilustração, isso fica evidente na redundância da representação gráfica em relação ao que é dito pela palavra, na sobrecarga informativa (quando não é uma marca estilística, mas um reforço explicativo) ou no apego a estereótipos visuais. Em certas decisões da edição, o excesso se manifesta na explicação paratextual (em contracapas, prólogos, orelhas, catálogos, anexos com atividades, entre outros) de supostas intencionalidades (do autor ou autores da obra). Obtura-se, assim, o conotativo e tenta-se conduzir as leituras a "mensagens" pré-digeridas. Essas são apenas algumas evidências de como a verborragia atua nas diferentes linguagens da literatura infantil (e não só nela).

O excesso de dizer e mostrar debilita ou, nos casos mais extremos, nega o caráter estético de certos textos literários e revela a desconfiança na possibilidade de os leitores e leitoras produzirem sentidos por si mesmos. Ao desativar silêncios, sugestões e opacidades, a atividade interpretativa é subestimada e substituída de forma exclusiva por manobras discursivas dos diversos enunciadores desses textos.

Em oposição a essas decisões textuais que, em diferentes graus, parecem temer a ideia da leitura como ato criativo e autônomo, há outras que apostam em leitores e leitoras que participam do ato de ler, cocriando sentidos em várias direções. Mas não basta ter textos abertos à coparticipação dos leitores se, quando, em situações de leitura compartilhada, os modos de ler propostos são postos em jogo, conduzindo os sentidos para caminhos únicos ou becos sem saída imaginária. Quero dizer que, além de escolher textos potentes e desafiadores, se as questões em torno dos textos ou certas atividades propostas levam a respostas previamente planejadas ou reforçam alguns preconceitos, a polissemia desses textos é deixada de lado.

Daí vem a questão sobre a relação entre o multissignificado e a abertura da imaginação. O canadense Kieran Egan, especialista em temas relacionados à imaginação no ensino e na aprendizagem, sustenta que é difícil defini-la devido à sua natureza proteica e complexa. Ele a localiza numa zona de entrecruzamento entre a percepção, a memória, a geração de ideias e a emoção. Por sua vez, a emoção está fortemente unida à invenção, já que quando imaginamos algo, tendemos a senti-lo como se fosse real ou estivesse presente. Imaginar implica pensar de uma maneira particular, que se baseia em supor o que é possível e não apenas o que é real. Por isso, a ficção e o olhar poético são os meios mais hospitaleiros para conceber como as coisas poderiam ser.[2]

A lógica da imaginação está mais próxima da lógica metafórica do que de qualquer construção racional. A metáfora baseia-se em associar e ver uma coisa ou propriedade em outra a partir de relações de semelhança entre o que está presente e o que está ausente. Portanto, para poder ir de uma coisa a outra e substituir a primeira pela segunda, é preciso fazer uma viagem. A afirmação muito frequente que se refere a "fazer voar a imaginação" provavelmente tenha a ver com esta viagem semântica. O voo da imaginação é um voo que tem sempre um olho na terra porque, para gerar o não visto (ou o que permanece em estado de silêncio), ele se nutre da experiência terrena ou real (embora o contrário também seja possível e necessário), já que o real seria muito seco e pobre sem esse voo.

Observemos como a atividade imaginária aparece na dimensão textual a partir de alguns exemplos literários que incluem construções metafóricas, desvios do cristalizado e ficcionalização do diálogo entre imaginários diversos.

As coisas

O que aconteceu foi que crescemos sozinhos
vivendo entre as coisas
então demos uma cara à moeda,
à cadeira, costas,
à mesa, quatro pernas robustas
que nunca se cansam.

Ajeitamos os sapatos com linguetas
tão macias quanto as nossas
e também penduramos línguas nos sinos
para podermos ouvir
sua língua sentimental,

e porque adorávamos os perfis graciosos,
a xícara ganhou uma asa,
e a garrafa, um pescoço longo e fino.

Até o que estava além
refizemos à nossa imagem,
demos um coração à cidade,
um olho ao furação,
uma boca à caverna
para que pudéssemos entrar e estarmos a salvo.[3]

A atividade imaginária é tematizada neste poema de Lisel Mueller em que a solidão existencial é mitigada por meio do jogo metafórico proposto com os objetos que nos cercam. As metáforas da vida cotidiana aparecem poeticamente ligadas às coisas como um laço que nos une ao mundo, humanizando-o, reduzindo seu mero caráter de objeto. Desta forma, o sino tem língua, a cadeira, costas, a moeda, cara. Não só o que está próximo pode ser visto com outros olhos: como diz o poema, "até o que estava além refizemos à nossa imagem".

O procedimento metafórico pode ser observado graficamente no *Codex Seraphinianus*,* livro, em que a imagem dialoga com a palavra. Em uma

---

* O *Codex Seraphinianus*, livro escrito e ilustrado pelo artista, arquiteto e designer industrial italiano Luigi Serafini em 1978, pode ser considerado a quintessência da atividade imaginária. Parece ser uma enciclopédia visual de um mundo desconhecido. A escrita propõe um código enigmático inventado por Serafini, que dizia que o que ele pretendia era que seu alfabeto transmitisse ao "leitor" a sensação que meninos e meninas têm ao se sentarem diante de um livro que ainda não conseguem entender, apesar de verem que sua escrita faz sentido para os adultos (N.T.). A página analisada está disponível no site da editora Rizzoli <tinyurl.com/mwhrjrz8>.

das imagens, o capítulo floral (assim, livresca, é a denominação do centro das flores em que se produz a inflorescência) de uma margarida desfolhada se transforma em balão e, em seguida, em pleno voo – como no mítico filme francês *Le balon rouge* [*O balão vermelho*] – essa ilustração parece ser um passo a passo do procedimento metafórico. A atenção meticulosa a um objeto (a margarida, neste caso), seguida do estranhamento ou da rarificação, e depois da analogia com outro objeto ausente, que, por meio da metáfora, se faz presente, constituem o ato de colocar em ação essa metáfora. A combinação de elementos modifica e transforma o objeto, ser ou propriedade em algo novo. Produz um salto na significação, um voo, um estar em outro lugar – ainda que continuemos neste aqui –, um amálgama de ausência com presença. De uma margarida desfolhada a um balão, de um balão a um meio de transporte para se aproximar dos pássaros e do céu. Ou seja, a imaginação faz voar, mas em vez de atribuir esse voo à magia ou ao sonho, todas e todos podemos conhecer de perto e manejar as molas das diferentes máquinas metafóricas para voar e isso nos torna melhores pilotos de voos imaginários. Em outras palavras, a atividade imaginária não é amorfa nem inacessível. Conhecer alguns de seus mecanismos construtivos nos torna mais soberanos de nossa capacidade de imaginar, tal como afirmavam diversos autores como Gianni Rodari,[4] Lev Vygotsky[5] e Maite Alvarado,[6] ao propor que todos podemos nos apropriar da arte da invenção, quanto mais conhecermos e nos familiarizarmos com suas engrenagens.

Na atividade metafórica (quer se trate da invenção ou da leitura de uma metáfora), *prestar atenção* é um momento-chave e inaugural. A atenção é a possibilidade de nos determos em algo ou alguém em vez de sobrevoar. Quando prestamos atenção, andamos em torno daquilo em que pousamos sem nos fincar completamente e, a partir daí, começamos a voar olhando de soslaio para a terra, que é nossa plataforma de voo. Se não nos detivermos, talvez percamos oportunidades preciosas de recriar o mundo, como diz Wislawa Szymborska em seu poema "Desatenção", sobre o que acontece quando não nos concentramos em olhar com olhos atentos o mundo ao nosso alcance, como é possível perceber neste fragmento do poema:

> Uma depois da outra ocorreram mudanças
> mesmo no estrito espaço de um pestanejar.

Sobre uma mesa mais nova, por uma mão um dia
 [mais nova,
o pão de ontem foi cortado de um modo diferente.

Nuvens como nunca, uma chuva como nunca,
pois caíram gotas diferentes.

A Terra girou em torno de seu eixo,
mas num espaço já abandonado para sempre.[7]

O olhar atento pode ser uma forma de desnaturalizar o que está diante de nossos olhos (talvez uma visão interior e não necessariamente aquela oferecida às retinas). Olhar com outros olhos é a condição do imaginário. O estranhamento implica o desvio do habitual, a libertação intencional do aprisionamento em ideias usuais.

Nesse sentido vai a proposta do poeta e artista visual Juan Lima em seu livro *Botánica poética* (2015), cuja contracapa alerta que:

Se a poesia
não fosse nunca
para o lado dos tomates,
comeríamos apenas/

salada de
frutas/
(*o poeta*
quando não soa,
voa).[8]

A metáfora coloquial que sugere ir "para o lado dos tomates" pressupõe dar a nós mesmos a oportunidade de nos desviarmos dos caminhos mais percorridos. Uma das formas de fazer isso tem a ver com o modo como a imaginação pode habitar os objetos com os quais interage: pensar em nós mesmos na dimensão de uma fruta, um vegetal ou uma flor, travando um diálogo recíproco com esses objetos.

Embora a lógica metafórica seja a principal via para o jogo imaginário, outra forma diferente de desvio é aquela que põe em questão as ideias cristalizadas. A imaginação também é alimentada quando paramos para olhar com olhos estranhos algumas crenças compartilhadas e as desnaturalizamos, colocando-as em discussão. O humor absurdo pode ser um aliado dessa desestabilização do que é comumente aceito.

Assim fica demonstrado,[9] de Nicolás Schuff e Pablo Picyk, propõe uma forma original de se posicionar diante de certas crenças ou mitos bastante difundidos.

A partir de um esquema discursivo lógico-matemático que opera na base da redução ao absurdo, o livro discute alguns ditos ou saberes sem fundamento científico, como o de que a música acalma as feras, as nuvens são feitas de algodão, os gatos pretos dão azar ou que os bebês são trazidos por uma cegonha de Paris, entre outras declarações amplamente conhecidas. A demonstração por meio do absurdo supõe uma hibridização entre o discurso científico e o ficcional. A fórmula que se repete ao longo do livro desarticula cada mito por meio de uma argumentação que comprova sua inverossimilhança. Ele desenvolve com humor esse mecanismo contraditório para concluir que a afirmação inicial é impossível ou "falsa". Por exemplo, "se contar ovelhas desse sono, os pastores frequentemente cairiam no sono e perderiam seu rebanho", então as ovelhas poderiam chegar às cidades e ver as roupas coloridas que são feitas com sua lã. Mas como os senhores do campo sabem muito bem quantas ovelhas têm, nunca nenhuma delas foi vista passeando pelas lojas de roupa, provando, assim, que "contar ovelhas não dá sono". O mecanismo ficcional de *Assim fica demonstrado*, baseado no contraponto entre a lógica matemática e a forma insólita de discutir o mito por meio do humor absurdo, supõe uma ruptura com os modos convencionais de contar, expandindo os imaginários por meio do desvio daquilo que é comum.

Como ponte entre a atividade imaginária que habita algumas ficções e a possibilidade de tecer redes imaginárias entre os leitores, destaca-se a proposta do livro *Chapeuzinho Vermelho* (*tal como contaram a Jorge*), de Luis Pescetti e O'Kif,[10] que originalmente ficcionaliza o diálogo de imaginários que ocorre em uma prática de leitura compartilhada.

A situação de enunciação é uma narrativa oral do conto *Chapeuzinho Vermelho* (versão condensada baseada na dos irmãos Grimm) que um pai faz a seu filho enquanto a mãe vai trabalhar. Os leitores-espectadores são convidados a visualizar a ativação simultânea de ambos os imaginários enquanto a narrativa transcorre. As imagens suscitadas a partir da história paterna são representadas graficamente com balões de histórias em quadrinhos: um para dizer e outro para pensar. O jogo humorístico baseia-se no contraste entre os imaginários: o do pai em sépia – e aparentemente baseado em ilustrações tradicionais da história – e o do filho multicolorido, com múltiplas alusões a referências culturais contemporâneas à criança, que recontextualizam os personagens e cenas da versão imaginada pelo adulto. O conceito de "imagem" está literalmente associado ao de imaginação, neste caso. "Tal como contaram a Jorge" também poderia ser interpretado como "tal como Jorge imaginou". O imaginário criativo da criança surge da "combinação do antigo com o novo, sem que seja uma mera repetição das coisas vistas",[11] segundo Vygotsky quando explica o funcionamento da imaginação. Portanto, a floresta em seu imaginário se torna uma selva, a comida não é uma cesta com alimentos naturais, mas uma pizza, e Chapeuzinho Vermelho é, para Jorge, uma menina com o rosto vermelho, o que sugere que ele desconhece o objeto "chapeuzinho" [a capa] e, para criar o seu próprio sentido, faz isso combinando uma cabeça de uma menina contemporânea com um rosto tingido de vermelho.

As diversas construções imaginárias que coabitam de forma em grande parte insondável qualquer ato de leitura compartilhada materializam-se e tornam-se visíveis nesta ficção a partir da recriação gráfica de cada imaginário. Toda leitura é uma versão e parece ratificar o contraste entre mundos possíveis.

A imaginação nas situações de leitura literária compartilhada: A construção de espaços próximos entre imaginários

Como o conhecimento das particularidades da atividade imaginária e das diversas maneiras de textualizá-la contribui, nas tarefas de mediação, para que o diálogo entre as leitoras e os leitores seja mais rico em encontros e aprendizados compartilhados?

Como já mencionei, não basta escolher textos que estimulem a atividade imaginária se as propostas de leitura com esses textos não "abrirem o jogo" para que os leitores possam construir significados para si mesmos, seja sozinhos ou em situações sociais de leitura.

Abrir o jogo pressupõe não antepor ou privilegiar a construção pessoal de sentidos sobre a dos outros, mas sim esperar, sem ansiedade ou pressa, que isso se desenrole no jeito e estilo de cada um e, sobretudo, criar uma atmosfera que dê confiança às leitoras e leitores para que seus caminhos de interpretação e de opinião sobre os textos se abram em múltiplas direções. Muitas vezes, o medo do silêncio em situações de leitura compartilhada leva alguns mediadores a preencher o vazio com comentários sobre o texto que podem ser percebidos como a única leitura válida e, consequentemente, o fluxo dos imaginários se enfraquece ou se extingue (pelo menos para fora). Como diz David Le Breton:

> O silêncio nunca é o vazio, mas a respiração entre as palavras, o recolher momentâneo que permite o fluxo dos significados, a troca de olhares e emoções, o peso das frases que se amontoam nos lábios ou o eco de sua recepção, é o tato que cede o uso da palavra por meio de uma leve inflexão de voz, aproveitada por quem espera o momento favorável.[12]

A postura de escuta por parte das mediadoras e mediadores de leitura que a levam em conta e a valorizam está intimamente ligada a essa espera. A escuta a que me refiro nada tem a ver com o que se estabelece em uma relação terapêutica ou com o que ocorre em trocas marcadas pela amizade, além do fato de que, nestes casos, também se leve em conta a palavra de outrem. Também nada tem a ver com aquelas formas de escuta que constituem apenas uma fachada marcada por uma suposta correção das formas ou pela relação cordial de quem respeita os turnos da conversa, mas em que se busca exercer algum tipo de controle sobre os outros. Se pensarmos em uma visão de escuta em consonância com as reflexões de Mikhail Bakhtin, escutar pressuporia não se fundir ou se confundir com o outro, mas o diálogo de duas culturas que "não se fundem nem se misturam, porém cada uma conserva sua unidade e integridade aberta, mas as duas se enriquecem mutuamente".[13] A partir dessa visão dialógica da escuta, poderíamos afirmar que ela é fundamentalmente um elo entre duas consciências que se reconhecem. Sobretudo, o que importa nessa relação é a forma como quem escuta atende às circunstâncias únicas e particulares em que uma voz, a voz escutada, tem lugar.

Nesse encontro marcado pelo dialógico, a posição de surpresa genuína dos mediadores sobre aquilo que os outros têm a dizer sobre um texto é parte vital desse ato compartilhado e um questionamento das posturas monológicas e autorreferenciais. Assumir que as significações são sempre sociais nos leva a ver que os outros sempre podem nos surpreender e enriquecer, ou desestabilizar produtivamente o que pensamos sobre aquele texto compartilhado até o momento de compartilhar a leitura. A convicção sobre a natureza provisória e incompleta de nossas próprias significações é uma porta hospitaleira para que as significações dos outros se entrelacem com as nossas.

É a partir dessa abertura ao enigma que é possível propiciar redes coletivas de imaginários em torno da leitura. Deste ponto de vista social, a imaginação não implica um enclausuramento em si mesmo, mas a possibilidade de nos pensarmos como seres entre e com os outros. Como diz Georges Jean, "a imaginação de cada um é única, ao mesmo tempo em que é compartilhada".[14] A imaginação deixa de ser volátil e inefável e torna-se real, tangível, embora seja sempre da ordem do inapreensível, pois essa é a sua razão de ser. Imaginar leva a inaugurar o desconhecido e receber o conhecido com novos olhos.

Trata-se de ser cúmplices da incerteza, aliados nas diversas filigranas do segredo, imaginadores que vão além do possível para que o impossível esteja cada vez mais próximo. Para nos aproximarmos do impossível, um poema de Roberto Juarroz:

> Cada coisa é uma mensagem,
> um pulso que se mostra,
> uma escotilha no vazio.

Mas entre as mensagens das coisas,
outras mensagens vão se desenhando,
ali no intervalo,
entre uma coisa e outra,
conformadas por elas e sem elas,
como se o que é
decidisse sem querer o ser
daquilo que não é.[15]

2. Jogo com palavras, palavras em jogo

Vários anos atrás, quando meus filhos eram pequenos e tive que passar por esses tempos de espera que os pais geralmente experimentam – essa abertura, às vezes excessivamente prolongada, da vigília à beira do sono noturno ou diurno –, inventei um jogo com aquilo que tinha a meu alcance: as palavras e as coisas. Sentada na cozinha, com caderno e caneta em mãos, olhava ao meu redor e começava o jogo: encontrar as formas pelas quais os objetos silenciosos que habitavam minha cozinha faziam parte de algumas metáforas muito conhecidas da vida e da linguagem cotidiana. Essas que alguns classificadores chamam de "metáforas cristalizadas", "lexicalizadas" ou "mortas". Com esse jogo, me insurgia diante de sua suposta e discutível condição de falecidas, e em vez de "matar o tempo" homenageando metáforas que "passaram desta para uma melhor", usava outra figura retórica que faz com que os opostos se tensionem: um oximoro subversivo dentro de casa. E comecei a reviver tempo e metáforas; abria as portas para uma busca intensa e divertida na memória da língua, social e própria, sempre histórica e situada pelos referentes metafóricos de cada comunidade.

As associações floresciam em minha cabeça e em minha cozinha: sem sair de minha confortável cadeira, tirei os talheres da gaveta por meio de uma telecinesia lúdica. Quando a faca aparecia, vinha-me a lembrança de momentos densos quando se é possível "cortar o ar com uma faca". A vez da colher aparecia com aquelas pessoas que tentam dizer algo na conversa dos outros e depois "metem a colher" [onde não foram chamadas]. Passei pela secadora de louça e a panela molhada e com o fundo exposto me fez lembrar daqueles que "não têm o que pôr no prato"* porque estão desempregados. Em seguida abri a geladeira, dessa vez sem

---

* Em espanhol, *no pueden parar la olla* – ao pé da letra, "não podem parar a panela". Trata-se de uma expressão coloquial, usada sobretudo na Argentina e no Uruguai, que significa

telecinesia, e imediatamente pensei "que novidade, merece um doce"* "quando encontrei nas prateleiras um chocolate que, vazias, me lembravam da falta de leite e depois "borbulhava como leite fervido"** com raiva de mim mesma por ter esquecido de comprar algo tão vital naqueles dias com as crianças pequenas.

Esse salto comparativo me deu um sinal vermelho – a impregnação metafórica está em todos os territórios, até no sentido de alarme –, porque estava indo além de minhas próprias regras. Como se tratava de um jogo, eu havia colocado algumas restrições para torná-lo mais palatável e arriscado: não podia usar expressões comparativas nem provérbios. Em meu regulamento íntimo, eu só podia recorrer às metáforas e não às abundantes comparações, muito sagazes em tantas expressões populares, nem aos provérbios,

---

"assumir as responsabilidades financeiras de uma família", isto é, assegurar o pão de cada dia, sustentar (N.T.).

* Em espanhol, *chocolate por la noticia*. Trata-se de uma expressão irônica que significa que se está dizendo algo conhecido ou óbvio; em outras palavras, "darei a você chocolate como recompensa por essa informação óbvia" (N.T.).

** Em espanhol, *saltar como leche hervida*, uma expressão que significa reagir com violência e repentinamente, explodir, exaltar-se, perder a cabeça (N.T.).

embora muitos fossem metafóricos. Com essas orientações, deixava em aberto a possibilidade de inventar novos jogos nos quais as comparações e os ditos seriam buscados e as metáforas, não permitidas.

A ideia de impor condições à minha própria regra tinha relação com a experiência que todos temos na arte de jogar [*jugar*],* em que a configuração de limites mais ou menos precisos, conforme o caso, é a antessala necessária para construir o território do jogo, para prever o desenho do mapa no qual jogaremos. Alguns anos depois, deparei-me com o livro do grupo Grafein, um pioneiro no tema de oficinas de escrita na Argentina.** Em sua introdução, eles identificavam, como questão-chave, o modo como

---

* O verbo *jugar*, assim como a palavra *juego*, podem ser traduzidas por "jogar", "brincar" ou "brincadeira", "jogo" de acordo com o contexto. Aqui, procurou-se utilizar todas essas acepções intercaladamente, como se poderá constatar (N.T.).

** No início dos anos 1970, alunos e professores da Cátedra Ibero-americana de Literatura da Universidad de Buenos Aires fundaram um grupo para escrever e refletir sobre a prática da escrita. Seu objetivo dirigia-se sobretudo à invenção e à exploração lúdica da linguagem. A partir do trabalho com "*consignas*" [regras, ditames], os participantes das oficinas passam a explorar as possibilidades da linguagem (N.T.).

as regras [*consignas*] são formuladas: "Às vezes a regra parece beirar o jogo; outras, com um problema de matemática. Mas seja qual for a equação, a regra sempre tem algo como uma cerca e algo como um trampolim, algo como um ponto de partida e algo como uma chegada".

Esse par de metáforas, cerca e trampolim, tornou-se um par dialético com grande potência para muitos de nós que pensamos em possíveis gatilhos para situações de leitura e escrita. A dialética entre restrição e liberdade, que deveria fazer parte de toda regra, é claramente explicada por Maite Alvarado – integrante dessa oficina mítica do final dos anos 1970 – em *Escritura e invención en la escuela*:

> A regra cinge as opções: pode propor a geração de um texto novo ou a transformação de um já existente, pode pautar as operações a serem realizadas ou simplesmente fixar algumas características do texto resultante. Mas sempre tem algo de chegada, e por isso é também o enunciado de um contrato que deve guiar a escrita e a leitura dos textos.[16]

A abertura a várias maneiras de cumprir com a regra – mesmo quando ela é transgredida – a situa como um trampolim para nossos modos criativos de invenção; o delicado equilíbrio entre os obstáculos que funcionam como suporte e as pautas abertas que abrem novas buscas reside naquelas regras que contribuem para a formação do jogador, escritor ou leitor, e, ao mesmo tempo, confiam em sua capacidade de arriscar e desafiar no ato da invenção.

Meu jogo em casa criava pontes entre as palavras e as coisas, e me mostrava que as metáforas não se limitam a funcionar como um adorno ou como um jogo estético de linguagem – como as teorias clássicas da retórica pensaram –, e tampouco constituem uma essência questionável do literário – parte da literaturidade a que se referiam os formalistas tentando marcar a especificidade da literatura em contraste com a linguagem cotidiana. O que elas fazem é mostrar como conhecemos e nomeamos o mundo.

O vínculo entre a linguagem metafórica e os modos de conhecimento foi levantado no livro *Metáforas da vida cotidiana*,[17] de George Lakoff e Mark Johnson. Segundo esses autores, a metáfora não é apenas patrimônio da imaginação poética, nem se restringe a ser uma linguagem desviada do comum ou do extraordinário, já "que impregna a vida cotidiana, não somente a linguagem, mas também o pensamento e a ação".

De um ponto de vista cognitivo, Lakoff e Johnson vão além do linguístico e observam que nosso sistema conceitual e nossa maneira de conhecer o mundo é metafórica: eles argumentam que as metáforas conceituais são estruturantes do conhecimento e, de alguma forma, marcam nossa maneira de pensar sobre determinados temas.

Levar em consideração essa visão sobre as metáforas poderia questionar e relativizar a ideia de que elas são atribuíveis somente àqueles que são talentosos com as palavras e as imagens. Também nos convida a discutir a representação de que metaforizar é embelezar a linguagem, adorná-la. Essa é uma teoria que considera a possibilidade metafórica de todos e que se propõe a nos encontrarmos com nossa língua cotidiana de uma forma renovada, assim como olhar com estranhamento e sem preconceitos os lugares que chamamos de comuns e desnaturalizá-los, brincar/jogar com eles.

Uma das maneiras de estarmos mais conscientes e perceptivos às metáforas que habitam nosso pensamento e nossa linguagem é por meio do jogo com as palavras. Outro caminho é observar como o jogo habita as ficções.

Saltar de um mundo para outro: A relação entre jogo e ficção

A familiarização lúdica com nossa capacidade metafórica na vida e na linguagem de todos os dias nos aproxima de um tema que me interessa abordar: como a metáfora e outras figuras literárias que habitam algumas ficções da literatura infantil se relacionam com certos jogos que atravessam diferentes momentos da vida, mas que têm sua semente na infância. Mais do que pensar em como o jogo aparece tematizado em muitas histórias e poemas, o que me interessa é ver como, na construção ficcional de alguns textos literários, parece existir uma semelhança com a arte de brincar.

Antes de abordar os possíveis parentescos entre figuras literárias e jogos, me atenho a uma questão mais geral, que se relaciona com a criação de uma ordem diferente à da vida, fundamental para o brincar. Como Graciela Scheines diz em seu lúcido ensaio *Juegos inocentes, juegos terribles*:

> Para jogar/brincar é necessário interromper a ordem que rege a vida. A realidade regulamentada, a escala de valores, usos e hierarquias, rótulos e convenções que dão sentido e significado aos atos dos homens dentro

de uma comunidade organizada, devem ficar fora do jogo. Se não, você não pode jogar.[18]

Primeiro, é preciso esvaziar o espaço-tempo no qual transcorremos, pois desse esvaziamento dependerá a possibilidade do jogo.

A ordem lúdica começa quando a ordem da vida é suspensa e é gerado aquele primeiro momento de caos ou vazio, que se segue à metamorfose: os objetos e os sujeitos tornam-se outros e o entorno se transforma segundo as leis do jogo. O quarto deixa de ser um quarto e passa a ser uma floresta, um barco ou um mar, tal como ocorre no já clássico livro-álbum *Onde vivem os monstros*:[19] Max torna-se outro, rei dos monstros neste caso, capaz de ter um poder sobre eles, além de torná-los festivos companheiros de brincadeiras.

A plasticidade com que as crianças passeiam do caos prévio ao jogo até a nova ordem instaurada por ele é uma das potências fundantes da infância. Por outro lado, alguns adultos costumam resistir em sair da maquinaria de hábitos e constrições da vida cotidiana e esvaziar momentaneamente um mundo para passar para outro que eles não controlam inteiramente. O risco que implica abandonar a sensação de segurança que o conhecido proporciona gera temores e bloqueios que, em muitos casos, os levam a evitar o jogo ou a entrar e desnaturá-lo, tornando-o dócil e controlável. O temor às vezes tem a ver com a possibilidade de ser outro, constitutiva de grande parte dos jogos. O medo de não se reconhecer ao usar as máscaras que esse novo mundo lúdico requer, de interagir mediante regras que não são as da vida comum, de se perder em caminhos impensados até o momento de brincar, de rir de si mesmos e do mundo a partir de um lugar libertador, é o que faz com que muitos adultos sejam deixados à margem do jogo ou que o subestimem, dizendo que isso é "coisa de criança".

As táticas da infância para passar de um mundo a outro por meio da brincadeira e do jogo estão presentes em certas ficções nas quais o limiar para a dimensão lúdica está dentro de casa. O salto entre mundos, cada um manifestado em diferentes planos de "realidade" – ressalto isso por se tratar de uma realidade ficcionalizada, não real – torna-se, nesses casos, o cerne de uma ficção.

Por que a diversidade de planos de realidade? Porque em muitos relatos o mundo de onde se parte e para onde se regressa no fim é mais parecido com a experiência conhecida e próxima, a do lar, a familiar.

Em outro plano de ficção se encontra o universo para o qual se é transferido e onde se desdobra e se realiza um mundo imaginário. Para mencionar apenas alguns casos, livros como *Jumanji*, de Chris Van Allsburg,[20] o já citado *Onde vivem os monstros*, de Maurice Sendak, e *No sótão*, de Hiawyn Oram e Satoshi Kitamura,[21] têm em comum que seus protagonistas vivem uma aventura que supõe atravessar o limiar da vida cotidiana ficcionalizada para um mundo cujas regras são regidas por um imaginário lúdico.

No livro-álbum *No sótão*, o tédio inicial do protagonista, que está rodeado por uma infinidade de brinquedos, é a antessala do salto.

É eloquente que o esvaziamento prévio à construção de um novo imaginário comece nesse contexto aparentemente hiperestimulado. A subida ao sótão é a passagem fronteiriça entre o mundo cotidiano e outro novo a ser conquistado por meio de estranhamento e invenção, duas ferramentas imprescindíveis do jogo. O salvo-conduto é um brinquedo que agora adquire um sentido renovado.

O protagonista diz: "Subi até o sótão" e na imagem vemos que ele conseguiu fazê-lo por meio da escada, agora enorme, de seu pequeno caminhão de bombeiros. Quando viramos a página, vemos o menino olhando para a frente, olhando para nós: "E entrei. O sótão estava vazio. Ou não?"

A cumplicidade com os leitores-espectadores está duplamente em jogo em seu olhar e nessa pergunta convidativa. As páginas duplas que se seguem mostram como esse espaço vazio vai aos poucos sendo povoado por diversas cenas lúdicas: o sótão se metamorfoseia a cada vez e é habitado pelos protagonistas e pelas paisagens das várias brincadeiras do menino.

Nesse caminho cheio de possibilidades, ele abre "uma janela que abria outras janelas".

Jogar se torna, assim, uma fonte de novos saltos de mundo. Em um deles, ele encontra um amigo que vira parceiro na arte de inventar imaginários: juntos descobrem um jogo "que podia durar para sempre porque mudava o tempo todo".

Quando ele desce e comenta com a mãe sobre o lugar em que viveu sua aventura lúdica naquele dia, ela responde: "Mas nós não temos sótão".

A última cena, desta vez despovoada de brinquedos, tem três elementos estratégicos: salvo-conduto, janela e amigo. Eles ratificam que o mundo imaginário foi e continua sendo possível. Assim indicam as palavras do menino, que novamente nos torna cúmplices com seu olhar e sua interpelação: "Bem, ela não tem como saber, né? Ela não encontrou a escada".

Neste livro, assim como em *Jumanji* e *Onde vivem os monstros*, a viagem ao mundo do jogo é vivida como um trajeto natural que não precisa de explicações para justificar o salto entre mundos nem a suposta irrealidade do universo lúdico. O jogo é possível: a ficção instaura uma realidade com a qual podemos pactuar e somos convidados a aderir. A ilustração nesses três livros, tal como vimos na cena final de *No sótão*, propõe uma cumplicidade com o imaginário lúdico infantil que nos torna participantes da invenção. O lugar dado aos adultos nestas três ficções, que permanecem alheios ou incrédulos acerca da viagem imaginativa realizada pelas crianças, reforça a piscadela cúmplice aos leitores que foram convidados à aventura e a nos colocarmos do lado do jogo para o qual transitamos junto com seus protagonistas durante nossa leitura.

Novos ares de família: Figuras retóricas e jogos

O salto de um mundo a outro pode ser um bom exercício para tonificar os músculos lúdicos e depois podemos *nos jogar* de uma vez com o eixo deste trabalho:

a possível familiaridade entre algumas figuras retóricas e certos jogos que atravessam as infâncias e se projetam para a vida. A ideia é ver como essas figuras aparecem em alguns textos da literatura infantil nos quais não se limitam a poetizar a linguagem linguística ou visual, mas são uma mola propulsora fundamental de ficção.

Em seu livro *Métalepse: De la figure à la fiction*, o teórico Gérard Genette chama a atenção para a proximidade etimológica das palavras "figura" e "ficção": ambas encontram suas raízes em *fingere*, que significa modelar, fingir, inventar. Mas, para além da possível comunidade na origem dos termos, Genette destaca o parentesco evidente no funcionamento de ambos. Compartilho sua ideia porque ela parece esclarecer o que veremos a seguir em exemplos concretos:

> Uma figura é (já) uma pequena ficção, no duplo sentido que ela geralmente mantém em poucas palavras, ou até mesmo apenas uma, e que seu caráter ficcional é atenuado, de certa forma, pela exiguidade de seu veículo e, muitas vezes, pela frequência de seu uso, o que nos impede de perceber a audácia de seu motivo semântico: só o uso e a convenção nos fazem aceitar como banal uma metáfora como "manifestar seu

ardor", uma metonímia como "beber um copo", ou uma hipérbole como "morrer de rir". A figura é um embrião ou, se preferir, um esboço de ficção.[22]

Quero partir dessa ideia da figura retórica como um embrião de ficção para abordar e considerar, em alguns livros, a forma como a metáfora, a metonímia e a hipérbole, as três figuras que Genette menciona, funcionam como um motor que impulsiona o desenvolvimento ficcional, ao observar possíveis vasos comunicantes com alguns jogos infantis.

Brincar de ser outro: A metáfora

Ver uma coisa na outra a partir de relações de semelhança: com essa premissa geral, poderíamos definir a metáfora. Uma definição que, por sua vez, esconde outra metáfora, já que o verbo "ver" também teria um sentido metafórico. A metáfora linguística implica uma captação imaginária em que uma palavra ou frase toma elementos da significação de outra palavra ou conceito – "ver", no plano verbal, seria comparável a "imaginar". Por outro lado, na metáfora visual podemos falar de percepção: diante de nossos olhos tem lugar uma metamorfose visível, uma substituição de um objeto ou de determinadas qualidades desse objeto por outro. Não entrarei aqui na consideração das diferentes variáveis conceituais sobre a metáfora oriundas do campo da filosofia, da retórica e da psicanálise, direi apenas que, em quase todas elas, é possível ver a ideia de translado, de viagem para novos significados que está associada à origem etimológica da palavra: em grego moderno os ônibus são chamados de "metáfora", ou seja, ali se materializa de forma eloquente a ideia de transportar de um lugar a outro.

Contrariamente à comparação verbal, na qual os dois objetos ou atributos análogos são explicitamente conectados por meio da palavra "como", na metáfora essa analogia aparece condensada, suposta, e implica um desafio imaginário maior: quem usa uma metáfora está empreendendo uma viagem imaginária de forma consciente, quando põe em jogo a atividade interpretante, ou inconscientemente no caso de metáforas naturalizadas na língua cotidiana, por exemplo.

O universo do jogo pode ser pensado em um sentido amplo como uma grande metáfora, como vimos quando me referi aos saltos entre mundos que se aparentam com a prática de brincar com certas ficções: viajar para um tempo e um espaço diferentes do cotidiano constitui o ato metafórico.

Existem jogos, desde muito cedo na vida, que implicam a conversão de um sujeito ou de um objeto em alguém ou algo diferente. Ser outro ou transformar algo em outra coisa graças a diferentes senhas e regras lúdicas é a condição básica de uma boa quantidade de jogos. O disfarce e a máscara são alguns atributos usados neste processo de metamorfose. Porém, a simples disposição de brincar e de outorgar imaginariamente a seres e objetos algumas características, diferentes das que já possuem, também pode prescindir desses atributos, como ocorre em muitas brincadeiras infantis. Assim, o imaginário lúdico pode transformar um cabo de vassoura em um cavalo ou um lençol em um refúgio no deserto. Por exemplo, em várias obras de Isol, a metáfora pode ser vista como o cerne da ficção e a força motriz do desenvolvimento narrativo.

Seu primeiro livro-álbum *Vida de perros*,[23] que desde o título parece brincar com a ambivalência dessa expressão, "vida de cachorro", uma metáfora da linguagem cotidiana que para muitos adultos é compatível com o supostamente incivilizado e impróprio do humano, ao passo que, vista a partir de uma perspectiva lúdica, pode ser uma aventura transformadora para dois jogadores cúmplices – um menino e seu cachorro, neste caso.

O protagonista dessa história tem um cachorro chamado Clovis, que para ele é diferente dos outros, "muito *especial*". Quando pergunta à mãe como ela pode saber que ele próprio não é um cachorro, ela responde dizendo que se ele fosse um cachorro, gostaria de ficar todo enlameado, sair correndo latindo para os carros, urinar nas árvores e outros hábitos caninos.

Mas o menino afirma que ele e o cachorro não entendem como a mãe tem tanta certeza de tudo.

O *nós* implícito em "Eu e o Clóvis não entendemos" poderia ser lido como um salvo-conduto para o jogo que se aproxima, como se a criança começasse a se transformar em cachorro a partir do uso de uma linguagem que exerce poder sobre as ações.

A mãe não sabia que o modo subjuntivo ("se você fosse um cachorro") poderia ser interpretado como uma incitação ao jogo e, sem querer, ela está dando ao menino instruções de como ser um cachorro. Na sequência começa uma série de páginas duplas em que as ilustrações revelam como o menino põe em prática cada um dos atributos caninos assinalados pela mãe e brinca de igual para igual com o seu cachorro, Clóvis.

As imagens nos mostram eles com um tamanho similar e em absoluta paridade na diversão. O menino metamorfoseou-se em cão: o diálogo entre o texto que condensa as ações e a imagem, expandindo-as com o estilo característico de Isol, confirmam esse *ser outro* próprio do procedimento metafórico. Embora não tenha mudado suas características físicas, ele assumiu o papel de cachorro, adotando suas mesmas atitudes. Quando volta sujo para casa, a mãe o manda para o jardim e não o deixa entrar até que ele tire a roupa suja.

A ilustração novamente escolhe estar próxima da perspectiva do menino e de seu cão, que se deitam para descansar no jardim perto da casinha do cachorro. A figura da mãe é vista contra a luz, recortada pela moldura da porta, enquanto as últimas palavras do menino se dirigem ao cachorro: "Sabe, Clóvis, algo me diz que o plano está começando a funcionar...".

A cena final em que o menino e Clóvis uivam para a lua é uma nova evidência do triunfo do jogo, ou seja, o triunfo da ficção.

Fora do texto, sobre o colofão, repete-se a figura do cachorro empoleirado em cima do menino de quatro, vivendo uma "vida de cachorro" e dizendo "Auuuuuuuuuuu!".

Outros livros de Isol levam ao limite a metamorfose que a metáfora implica, tanto verbal quanto visualmente. Um exemplo eloquente é *El globo* [*O balão*],[24] em que Camila, a protagonista, realiza um desejo: sua mãe, terrivelmente estridente, um dia inflou e ficou corada; "e de repente ela era um lindo balão, vermelho e brilhante".

Chama a atenção o uso do verbo "ser" que, neste caso, tem um poder transformador que teria sido atenuado caso a comparação "era como um balão" tivesse sido usada. Aqui, o uso subversivo que a autora faz da metáfora evidencia seu duplo valor, identificatório e topológico, pois a mãe é um balão e o balão *ocupa o lugar* da mãe. A partir dessa metamorfose, o vínculo com a mãe transformada em balão se torna lúdico.

Outro uso radical da metáfora é o de *La bella Griselda* [*A bela Griselda*],[25] em que a ficção é disparada pelo uso de uma metáfora lexicalizada. Esse relato de humor negro narra a história da Princesa Griselda, "tão linda que fazia qualquer um perder a cabeça" por sua beleza: essa é a metáfora morta que Isol decide ressuscitar na história. A imagem que se segue a esta afirmação com Griselda segurando uma cabeça masculina é acompanhada pela ratificação escrita de que "não é só modo de dizer".

Nestes três livros, a autora argentina não faz concessões: não há como voltar atrás nas transformações operadas, mas se sugere uma aceitação da mudança: uma criança acaba uivando para a lua como um cão; Camila admira a mãe de uma menina no parque que, por sua vez, admira seu balão. Ao se despedirem, Camila diz: "Pois bem... não se pode ter tudo", e vai embora pulando em cima de sua mãe-balão. A filha da Princesa Griselda, com sua beleza, fez a mãe "perder a cabeça", a qual, no final, a acompanha como um troféu na parede enquanto a menina joga seu jogo preferido: "montar quebra-cabeças".

Brincar de esconde-esconde ou de adivinhar: A metonímia

A adivinhação e o brincar de esconde-esconde, em todas as suas variantes, são jogos que têm a ver com a ocultação transitória e com o subsequente desvelamento gozoso do oculto. A palavra, no caso de quem adivinha; o corpo, ou parte dele, um objeto, uma figura, no caso de quem brinca de esconder ou de esconde-esconde.

Os jogos de adivinhação e de esconde-esconde têm em comum a construção do inesperado, e a surpresa é uma das formas pelas quais a descoberta chega por meio de uma busca em que a dialética entre o escuro e o luminoso vai pondo à prova o buscador, que desvencilha véus e incógnitas por meio de estratégias conscientes ou tentativas fortuitas que tornam mais ou menos difícil o acesso ao efemeramente escondido.

Na árvore genealógica que tento construir em busca de uma fraternidade entre jogos e figuras, descubro que a metonímia é uma possível irmã da adivinhação e do esconde-esconde.

A metonímia, na retórica daquilo que é falado ou escrito, é a substituição de um termo por outro que guarda uma relação de contiguidade real, extralinguística com o primeiro: um objeto é substituído por outro contíguo em uma cadeia lógica – lembremos o exemplo dado por Genette, *beber um copo*. Uma das expressões mais habituais da metonímia é a sinédoque, a substituição da parte pelo todo ou vice-versa.

Na dimensão da imagem, se fizermos uma analogia com a linguagem cinematográfica ou fotográfica, o procedimento metonímico visual encontra-se no *fora de campo*, no qual uma elipse espacial exclui uma parte da cena (personagens, cenário, atmosfera etc.). O vazio, o não visto, é interpretado em relação com aquilo que é selecionado para ser visualizado.

No caso das imagens fixas sequenciadas que fazem parte dos livros-álbum, a metonímia visual constitui um recurso retórico muito potente para gerar expectativas sobre aquilo que está por vir. A redução intencional dos dados sobre aquilo que se vê faz com que seja necessário avançar para encontrar uma resposta possível ao que foi revelado pela metade nas imagens anteriores.

O *zoom* é uma das formas metonímicas de combinar a motorização da expectativa em relação ao ato físico de virar a página para gerar um efeito surpresa.* A utilização do *zoom* a partir de mudanças de enquadramento em imagens sucessivas permite revelar progressivamente elementos anteriormente ocultos.

Nos livros-álbum que propõem o jogo surpreendente por meio do diálogo entre palavras e imagens, o papel da palavra e da diagramação é central para possibilitar que se acenda a intrigante centelha do *zoom*. Isto é, o texto escrito deve estar carregado de ambiguidade suficiente para reforçar o caráter de incógnita que teria um objeto de difícil identificação devido a

---

* Este termo oriundo da fotografia e do cinema designa, por um lado, uma lente de distância focal variável e, por outro, uma função que permite o desdobramento de áreas progressivamente maiores (ou menores) de uma imagem. (N.T.)

uma focalização centrada em parte do objeto e não em sua totalidade.

Para exemplificar, trago o livro-álbum *La princesa de Trujillo* [*A Princesa de Trujillo*],[26] uma narrativa que usa a *retahíla*,* um jogo da tradição lírica popular infantil que se baseia no encadeamento sucessivo de elementos que vão se acumulando, um após o outro, convidando ao jogo mnemônico. A esse formato poético soma-se o diálogo com imagens baseadas em fotografias de objetos lúdicos caracterizados pela rusticidade e pelo minimalismo.

Já desde a primeira imagem, o texto escrito "Esta é a Princesa de Trujillo" direciona o olhar do leitor para um brinquedo de madeira que mais parece uma peça peculiar de um jogo de tabuleiro.

Na página seguinte, à direita, a visão ampliada, parcial e ao mesmo tempo difusa de um arco dourado é acompanhada pelo texto "E isto, o que é?", um momento em que o leitor-espectador é interpelado a participar de um jogo semelhante à adivinhação que é resolvido ao se virar a página.

---

* A *retahíla* é um jogo de palavras tipicamente infantil, com repetições, harmonia e rimas, que melhora a fluência verbal, assim como atenção e memória (N.T.).

A afirmação "Este é o anel da Princesa de Trujillo" dialoga com a visão de um primeiro plano do brinquedo que ratifica a resposta ao mostrar a mão dela com o anel. Trata-se do gatilho inicial para este jogo visual baseado na confusão de um enquadramento de grande aproximação com o objeto que sugere múltiplas possibilidades.

O jogo polissêmico surge das visões parciais de objetos que foram dispostos a partir da junção de outros, como é o caso da matraca, cujo corpo é construído com um prendedor de roupa, acompanhada de uma apresentação: "Esta é a MATRACA que roubou o lenço que envolvia o anel da Princesa de Trujillo. E isto, o que é?" Na sequência, temos a imagem de um cachorro com cabeça feita de apontador de lápis, com os dizeres: "Este é o CACHORRO que mordeu o gato que pegou a matraca que roubou o lenço que envolvia o anel da Princesa de Trujillo. E isto, o que é?".

As possíveis afirmações que apontariam para o objeto mostrado como resposta à pergunta "E isto, o que é?" são desbaratadas ao virar a página e o *zoom out** o mostra como parte de um todo insuspeito.

---

* Movimento da lente de uma câmera fotográfica ou cinematográfica que amplifica o enquadramento e dá lugar a uma tomada mais geral da cena (N.T.).

Este jogo põe em questão de forma lúdica a tendência dos espectadores a uma correspondência analógica que os levaria a esperar que aquilo que se vê coincida com aquilo que se lê – recordemos a advertência que René Magritte nos fazia em seu quadro *A traição das imagens* com o seu cachimbo realista e o texto que apontava que aquilo não era um cachimbo. Pelo contrário, desse modo se sugere a relação arbitrária entre as representações dos objetos e as palavras.

Na dinâmica de perguntas e respostas desse livro, nem sempre é possível reconhecer o objeto mostrado metonimicamente; se assim fosse, a tática anterior se tornaria previsível e monótona. Em outros casos, o objeto mostrado por meio do *zoom* propõe um nível maior de abstração que visa destacar o matérico da estética escolhida. Assim acontece com a representação do fogo e da água, acompanhada das acumulações: "Este é o FOGO que queimou o pau que bateu no cachorro que mordeu o gato que pegou a matraca que roubou o lenço que envolvia o anel da Princesa de Trujillo".

"E isto, o que é? Esta é a ÁGUA que apagou o fogo que queimou o pau que bateu no cachorro que mordeu o gato que pegou a matraca que roubou o lenço que envolvia o anel da Princesa de Trujillo".

A construção da *retahíla* que, como já dissemos, se caracteriza pelo acúmulo de elementos em uma estrutura reiterativa, se enriquece assim com esse jogo visual que acrescenta um grau de imprevisibilidade a um formato sustentado a partir de uma estrutura esperada em um andaime necessário para a possibilidade de memorização típica deste jogo. O contraponto entre o conhecido e o desconhecido é propiciado pela contribuição da metonímia visual que impulsiona o progresso no encadeamento de sentidos possíveis.

Jogar com os extremos: A hipérbole

Quem nunca brincou de ser o maior ou o menor? Ou aquele que é mais forte? Ou aquele que fica mais quieto ou sem rir por mais tempo? Muitos jogos ou situações lúdicas partem de desafios relacionados com os extremos, tão sedutores para o imaginário e para o desejo. A atração pelos limites, por levar às máximas consequências determinadas qualidades ou o seu contrário, permite encenar diversas relações de poder, muitas vezes adversas aos jogadores na vida que transcorre fora do jogo. Ao brincar com os extremos, habilita-se uma nova ordem em que essas relações são subvertidas ou utilizadas elasticamente, muitas vezes, graças à intervenção do absurdo que desarticula as leis conhecidas sobre o funcionamento do mundo.

A história das ficções apropriadas pelo público infantil, e das intencionalmente destinadas a ele, sempre foi habitada por personagens cujas características exacerbam traços peculiares. Também pela possibilidade de levar algumas ações ou situações a limites exorbitantes, como a dimensão física, uma das variáveis mais transitadas, que vemos em clássicos como Alice, Gulliver, O Pequeno Polegar e tantos outros gigantes e minúsculos.

O jogo com os extremos encontra na hipérbole a figura retórica que o representa. Embora seja possível exagerar traços ou aspectos pontuais de personagens e situações, nesta busca pela fraternidade entre jogos e figuras, me interessam particularmente aqueles casos em que a figura se torna a força motriz por trás da trama ficcional, não como uma variável estilística, em algum momento do relato.

Um conto clássico como "O alfaiate valente" é um exemplo de como a hipérbole motoriza o devir narrativo. A ação de matar com um trapo umas moscas chatas que sobrevoavam o pão com geleia apoiado em sua mesa de trabalho desperta no pequeno alfaiate uma autoadmiração. Ao ver que são sete as que "bateram as botas"* – esta metáfora morta é a que figura na tradução que manipulei desta vez – ele decide sair pelo mundo para contar sua façanha e coloca uma faixa bordada por ele mesmo com o texto "Sete de uma só vez!". Nesse caso, a hipérbole está intimamente relacionada com a elipse, já que a omissão da informação sobre a espécie das vítimas do golpe induz a uma interpretação ambígua. Seu encontro com o gigante, que se assombra com a mensagem hiperbólica da faixa, põe à prova a astúcia do pequeno alfaiate que se vale de diversas artimanhas para sustentar sua imagem heroica. Encorajado por seus triunfos, ele continua suas "ações heroicas" a pedido do rei da comarca próxima. A combinação de exagero e omissão de informações se sustenta até o final da história, em que a astúcia o faz sair triunfante sem cair em sua própria armadilha.

Numa história mais atual, *Fernando furioso*,[27] de Oram e Kitamura, a hipérbole também funciona como eixo principal da trama narrativa, já que a fúria do protagonista por uma proibição materna cresce em

---

* Em espanhol, *estiraron las patas*, ou seja, esticar as pernas, morrer, chegar ao fim da vida (N.T.).

proporções exorbitantes à medida que a história avança. Nenhum adulto da família consegue impedir o ímpeto furioso do menino. Produz-se um *crescendo* de consequências catastróficas, que provoca semelhante aborrecimento na terra e nos arredores. O mundo é devastado pela ira do menino:

E como nada o detém, ainda tem mais: "A fúria de Fernando se transformou num terrível tremor que rachou a superfície da Terra. CRAAAAAC!!!! Ressoou, como um gigante quebrando um ovo. "— Chega" – disse sua avó. Mas não foi suficiente".[28]

Após a hiperdestruição, o menino fica sozinho com seu animal de estimação em sua cama, flutuando sobre uma rocha de Marte: "Por que foi que fiquei tão furioso? Mas não conseguiu se lembrar. E você? Você se lembra?".

O resultado de sua fúria hiperbólica se combina com a ironia de quando Fernando diz ter esquecido o motivo de tamanho aborrecimento.

A leitura literária em jogo

Comecei essa busca de parentesco entre algumas figuras literárias e jogos como uma possível chave de entrada para os textos. Uma entre outras. Os textos e algumas teorias sobre a retórica e a arte do brincar foram a matéria-prima polissêmica para arriscar um jogo de relações. Por outro lado, tentei esse caminho como um jogo que tem seu cerne, sua razão de ser, na própria atividade de leitura. Considero a leitura literária um ato em si mesmo e não uma mera ponte para outro momento em que algo seria proposto "a partir de" ou "depois de", como se o ato de ler fosse pretexto para uma atividade que é vista como produtiva, visível, mostrável ou avaliável. Como se ler não fosse uma atividade. Em outras palavras, vejo na literatura que joga e se joga um convite sempre aberto a modos desafiadores de ler. O jogo está dentro do ato de ler e não fora dele.

Isso não significa que as práticas de leitura literária com outros não possam ser nutridas por outras vias que provêm do estímulo de jogos diversos ou de algumas artes como a narração oral ou os fantoches e a dramatização, apenas para citar alguns. O problema é quando nesse encontro de caminhos e táticas ocorre um desequilíbrio e o texto literário fica subordinado ou diluído no jogo, a seu serviço. Desse modo, ele se torna uma fachada ou um instrumento, às vezes apenas uma espécie de roteiro para um espetáculo. Talvez a motivação de quem transforma o ato de ler apenas em um meio provenha da desconfiança no poder da própria literatura e dos leitores. Conhecer mais sobre o funcionamento dos textos e confiar na possibilidade sempre aberta de os leitores interagirem com eles de forma criativa pode ser a chave para colocar a leitura, os textos e os leitores no centro. A atenção aos textos literários para ver que jogo ou jogos os leitores jogam ou o que pode ser feito para eles jogarem a partir da própria literatura é uma das formas pelas quais eles exercem sua liberdade. Estou falando da liberdade de experimentar, de arriscar e de aprender jogando, brincando. Experimentar com audácia e alegria, como faz a menina deste poema de Wisława Szymborska, que escolho para concluir este "Jogo com as palavras, palavras em jogo".

A menininha puxa a toalha da mesa

Há pouco mais de um ano se está nesse mundo,
e nesse mundo nem tudo foi pesquisado
nem está sob controle.

Os experimentos de hoje tratam das coisas
que não podem se mover sozinhas.

É preciso ajudá-las nisso,
deslocar, empurrar,
tirar do lugar e mover.

Nem todas querem isso, por exemplo, o armário,
o aparador, as paredes intransigentes, a mesa.

Mas já a toalha na mesa teimosa
– se bem agarrada pelas bordas –
revela a vontade de passear.
E na toalha os copos, os pratinhos,
a jarrinha de leite, as colherinhas, a tigelinha
até tremem de desejo.

Que coisa intrigante, que movimento vão escolher,
quando já estiverem oscilando na beirada:
um passeio pelo teto?
um voo em volta do lustre?
um pulo no parapeito da janela e dali para a árvore?

O sr. Newton ainda não tem nada a ver com isso.
Deixe que ele observe do céu e acene com as mãos.

Essa experiência precisa ser realizada.
E será.[29]

II. SILÊNCIO

1. O silêncio como voz aberta à escuta

Um silêncio, alguns silêncios, podem ser ninhos da escuta. Silêncios que podem se abrir para outra linguagem, diferente da nossa, e que precisam de nossa disposição para habitar um diálogo. Um dialogar em que comunicar sentidos supõe estar dispostos a não compreender tudo, a não enjaular o canto dos pássaros numa tradução unívoca. As formas pelas quais um canto abre espaço em nossos mundos são inapreensíveis. Nunca compreenderemos totalmente, e nesse enigma calado, nossos desejos de liberdade buscam caminhos quando lhes damos espaço.

Ali, onde as palavras não se encerram, os silêncios se oferecem à escuta. Assim parece dizer este poema do chileno Juan Luis Martínez.

a. Através de seu canto os pássaros
comunicam uma comunicação
em que dizem que não dizem nada.

b. A linguagem dos pássaros
é uma linguagem de signos transparentes
em busca da transparência dispersa de algum
[significado.

c. Os pássaros encerram o significado de seu
[próprio canto
na malha de uma linguagem vazia;
malha que é a um tempo transparente e irrompível.

d. Mesmo o silêncio que se produz entre cada canto
é também um elo dessa malha, um signo, um momento
da mensagem que a natureza diz a si mesma.

e. Para a natureza não é o canto dos pássaros
nem seu equivalente, a palavra humana, mas o
[silêncio,
o que convertido em mensagem tem por objeto
estabelecer, prolongar ou interromper a comunicação
para verificar se o circuito funciona
e se os pássaros realmente se comunicam entre si

através dos ouvidos dos homens
e sem que estes se deem conta.

NOTA:
Os pássaros cantam em passarístico,
mas nós os ouvimos em espanhol.
(O espanhol é uma língua opaca,
com um grande número de palavras fantasmas;
O passarístico é uma língua transparente e sem palavras).[30]

O "passarístico" (maravilhoso achado do poeta Juan Luís Martínez) é talvez uma língua possível para aprender e desaprender o não dito vez e outra, para olhar de perto os silêncios que estão, consciente ou inconscientemente, em nossas formas de nos vincularmos.

Embora intitule este texto no singular, que é como costumeiramente se nomeia o silêncio, ao falar de um *continuum* entre silêncio e conversa, e de laços entre seres com os quais nos comunicamos, escolho o plural. Penso no silêncio que faz parte das conversas como uma abertura para a multiplicidade de silêncios. Assim como há uma diversidade de vozes encarnadas em outras e outros, pode haver diversos silêncios disponíveis para serem percebidos pelos nossos sentidos.

Ao pensá-lo no plural, evito colocar o silêncio em um lugar sagrado, intocável. Outra cautela em minha tentativa de abordá-lo é não superestetizá-lo a ponto de transformá-lo em uma joia para pouco(a)s ou iniciado(a)s. Procuro refletir sobre a linguagem e o silêncio como parte de uma trama dialógica que nos envolve a todos e todas. Arrisco-me a pensar em uma concepção democratizante e aberta dos silêncios como artérias que pulsam no fluxo das conversas.

Além do caráter social do silêncio, sua pluralidade e sua não essencialidade residem na diversidade de silêncios que se tornaram o caráter situado, histórico, cultural e, ao mesmo tempo, singular dos atos de comunicação. Os silêncios não são uma enteléquia, uma abstração, nem ocorrem isolados de nossas caminhadas na porção do mundo em que respiramos e vivemos.

David Le Breton dedica seu livro *Du silence*[31] para explorar uma ampla gama de silêncios a partir de uma perspectiva antropológica e histórica. Algumas formas de silêncio que ele menciona nos levam a pensar em experiências nestes tempos em nossa América Latina, onde a tensão e a disparidade entre vozes e silêncios são vividas dramaticamente: as várias manifestações do silêncio em sua dimensão política. O monopólio da informação em detrimento da diversidade de vozes populares é um exemplo revoltante de silenciamento antidemocrático. Assim também ocorre com o silêncio nos diversos disciplinamentos contra aqueles que são considerados fracos a partir de certas manifestações de poder: as lutas e conquistas em problemáticas de gênero em nossos países são evidência de um contrassilêncio que recobra o vigor. No terreno da política da língua, a discussão sobre o machismo na linguagem escrita e falada é outro sinal do silenciamento amplamente naturalizado. No silêncio para e nas infâncias, as violências reais e simbólicas reforçam dolorosamente a assimetria entre pessoas adultas e meninos e meninas.

Junto com as distintas figuras do silêncio em sua trama vital e política, é possível pensar a oralidade compartilhada e, em particular, a conversa, como uma dialética de vozes e silêncios. Assim como a escuta pode perceber cada voz como única, como um traço vibrante no ar, também pode afinar a percepção para receber os silêncios como manifestações singulares. Estar à escuta das ressonâncias do que se diz e do que se cala é uma disposição não tão frequente num *habitus* da percepção e de outras modalidades do conhecimento nas quais predomina o visual e não tanto o auditivo. Nos atos de escuta, o sentir pode se abrir a tons, timbres, ênfases, ressonâncias, ruídos. Os silêncios de cada uma das pessoas que estão ouvindo vibram de forma única, própria de cada ouvinte. O calar tem uma infinidade de possibilidades que se oferecem ao nosso acolhimento sensível se estivermos disponíveis. Essa disponibilidade pode ser pensada, se a compararmos com a música, como a abertura para um repertório tonal de silêncios, arpejos do calar, às vezes paradoxalmente dissonantes, pois o silêncio escutado às vezes põe em jogo uma soberania de pensar e sentir diferente. Podemos, então, supor, naqueles que escutam, a possibilidade de imaginar uma "silenciografia", uma escrita de silêncios que dispomos em pautas imaginárias em que as vozes e os silêncios participam de chaves sensíveis para construir significados?

"É preciso se perder para começar a escutar. É preciso fazer silêncio na escuta e no olhar para descobrir as formas do silêncio".[32] Assim começa um belo artigo que a filósofa catalã Carmen Pardo Salgado dedica à arte e ao pensamento de John Cage, figura incontornável no tema do silêncio.

Intuo que se perder, nos perdermos, é suspender nossos ruídos (nosso ego?) e qualquer possível enclausuramento de sentidos para nos tornarmos permeáveis às vozes e silêncios dos outros.

> Quando por alguma circunstância
> um acidente feliz um golpe de veneno
> faz minguar o ego
> seu constante clamor,
> como se amplia o mundo
> como se adensa sua espessura
> aparece
> a luz
> de sempre
> toda.[33]

O silêncio reverbera em sua luz quando os gritos do ego e sua surdez se extinguem, creio intuir neste poema do poeta de Córdoba, Alejandro Schmidt. A hospitalidade do silêncio à interpelação alheia passa, em grande medida, por sair do encapsulamento autossatisfeito, do encerramento em crenças baseadas em verdades unilaterais.

O corpo torna-se uma casa de escuta quando pensamos em nós mesmos dialogicamente e nisso também nos aproximamos de Bakhtin, que diz que participamos desse diálogo com toda a nossa vida, com nossos "olhos, lábios, mãos, alma, espírito, o corpo inteiro, os atos".[34] No silêncio considerado a partir de uma dimensão dialógica, o ouvido torna-se o corpo em sua totalidade. Então, os silêncios podem nos convidar a sermos mais sensíveis aos nossos outros sentidos lendo os sentidos. Ou seja: não apenas o ouvido seria o protagonista na recepção do *continuum* de vozes e silêncios, mas nós nos abrimos para tocar, saborear, cheirar, olhar o que foi dito e o que foi calado. Isso implica intensificar a atenção, enriquecendo suas formas de estabelecer laços com os seres e as coisas. Prestar atenção às dobras, às topografias do silêncio, geografias móveis que precisam de nós despidos de preconceitos, de amarras a regimes fixos da escuta, do dizer e do calar. Prestar atenção é darmos, a nós mesmos, ar. Sua falta é não nos deixarmos habitar, neste mundo, pela surpresa, como diz Wislawa Szymborska neste poema:

Desatenção

Ontem me comportei mal no universo.
Vivi o dia inteiro sem indagar nada,
sem estranhar nada.

Executei as tarefas diárias
como se isso fosse tudo o que devia fazer.

Inspirar, expirar, um passo, outro passo, obrigações,
mas sem um pensamento que fosse
além de sair de casa e voltar para casa.

O mundo podia ter sido percebido como um mundo
[louco,
e eu o tomei somente para uso habitual.

Nenhum – como – e por quê –
e como foi que aqui apareceu –
e de que lhes servem tantas minúcias buliçosas.

Fiquei como um prego mal pregado na parede
ou
(aqui uma comparação que me faltou).

Uma depois da outra ocorreram mudanças
mesmo no estrito espaço de um pestanejar.

Sobre uma mesa mais nova, por mão um dia mais
[nova,
o pão de ontem foi cortado de um modo diferente.

Nuvens como nunca, uma chuva como nunca,
pois caíram gotas diferentes.

A Terra girou em torno de seu eixo,
mas num espaço já abandonado para sempre.

Isso durou umas boas 24 horas.
1.440 minutos de chances.
86.400 segundos para intuições.

O *savoir-vivre* cósmico,
embora se cale sobre nós,
ainda assim nos exige algo:
alguma atenção, umas frases de Pascal
e uma participação perplexa nesse jogo
de regras desconhecidas.[35]

Carmen Pardo parece estar em sintonia com este poema no artigo comentado anteriormente: "Tanto o silêncio da linguagem como o silêncio que se introduz na música são geralmente respirações que reclamam a atenção. Respirar será criar o oco no qual a atenção pode se desdobrar".[36] Trata-se de uma atenção sem intenções prévias, sem preconceitos; isto é, prestar atenção sem abandonar o estado de enigma.

Forma de atenção que pode nos tornar sensíveis para registrar aquilo que geralmente passa despercebido e suscitar o inesperado. Em sua "Conferência sobre o nada", de 1949, John Cage começou dizendo: "Eu não tenho nada a dizer e estou dizendo. E isso é poesia, como eu quero agora".[37] Talvez este seja um exemplo extremo do convite a prestar atenção, neste caso, ao silêncio corporificado no paradoxo de ser enunciado. Um oximoro que, por outro lado, está assentado numa superfície que combina som e silêncio, como na música, pois entre as palavras há espaços vazios como claves para o calar. É como colocar uma lupa atenta aos grânulos do silêncio enquanto forma.

Quando escutamos outras formas e tempos do silêncio

Entre as amarras que costumam incomodar e reduzir as possibilidades de uma atenção fértil estão certas percepções do tempo e formas de medi-lo. O que acontece com os tempos e os silêncios em uma conversa ou em uma leitura literária em voz alta? Em contextos em que predomina o controle de tempos e corpos e a baixa tolerância a formas de silêncio que não se submetem a regimes ordenados ou naturalizados, o calar é muitas vezes subestimado ou temido.

Em uma aula de Literatura no ensino fundamental, em um instituto público e gratuito de formação de professores na cidade de Buenos Aires, levei alguns poemas para que os alunos e alunas fizessem um desenho de vocalização* e argumentassem sobre as decisões tomadas. Desenhar uma vocalização implica um encontro próximo com textualidades (palavras, imagens, silêncios, configurações do desenho do poema e do livro ou outro formato que o inclua) em que se convida a antecipar estratégias de dizer que supõem aproximações a saberes poéticos a partir da consciência da própria corporalidade por meio da leitura e da vocalização de um poema. Escolhi poemas não escritos para meninos e meninas em que a relação entre as palavras e os espaços vazios desenha uma espécie de partitura que convida os olhos a coreografar modos e tons de dizer com a voz e o corpo. Poemas de Hugo Gola, Diana Bellessi, John Cage, entre outros. Um grupo recebeu um poema de Cage, do livro *Indeterminacy*. Depois de discutir

---

* Vocalização [*puesta en voz*] aqui entendida como "conjunto de exercícios e métodos usados para trabalhar a voz" (N.T.).

o desenho da narração, eles decidiram que um dos membros, Valeria, iria lê-lo.

75

No Zen   dizem:

Se algo for chato depois de dois
minutos,
tente
por quatro.
                Se
ainda estiver chato,
                tente
por oito,

                dezesseis,
trinta e dois,

                e assim por diante.

Eventualmente, descobre-se que não é
nada chato,
                mas muito interessante.[38]

Lembro-me da surpresa, do incômodo, dos sorrisos convivendo com as sobrancelhas franzidas, que a leitura de Valeria causou nos companheiros e companheiras do curso. Suas pausas pronunciadas, seu tom monocórdio, sua maneira de dirigir o olhar para todos e todas durante os silêncios do poema geraram uma rica discussão em que sugeriam sentirem-se abalados e abaladas pelo manejo dos tempos na leitura, pela interrupção da velocidade tão propensa à vertigem de diversos atos de fala no ambiente escolar, pela maneira como seus silêncios colocavam em evidência a verborragia que impera, pela liberdade que um leitor ou leitora pode exercer ao fazer sua interpretação de um texto sem se submeter a sujeições culturais e institucionais, ou de tradições de leitura poética em voz alta em contextos educativos. Ao conceber e dar voz e silêncio a outras formas de tempo, aquilo que se cala (uma das manifestações da forma no poema) se tornava protagonista, assim como a abertura ao inesperado que traz o desafio de dar abertura ao não dizer.

Em situações de leitura em contextos escolares iniciais ou primários, as formas do silêncio nem sempre encontram oportunidades de risco. Uma prática proveniente de uma tradição de leitura escolar ainda frequente é que, enquanto o ou a docente lê, os alunos se calam. O silêncio está previsto e muitas vezes ritualizado com gestos e enunciados que podem ser simpáticos, ou justamente o contrário, e que precedem a leitura em voz alta. É comum ouvir "Fiquem quietos enquanto leio", com gestos ou musiquinhas convidando a fechar a boca e não interromper. Nessas decisões, tanto o texto literário quanto o ato de lê-lo são colocados em um lugar sagrado, intocável, e as interrupções são consideradas como um ataque à suposta aura intangível que os caracterizaria. Lembro-me com alegria da maneira festiva com que algumas meninas e meninos de uma sala de cinco crianças, acostumados a ficarem calados, deram boas-vindas à orientação de algumas estagiárias (futuras professoras de nível inicial) que se propunham a ir comentando – isto é, interrompendo – a leitura de um livro-álbum em seu transcorrer. Nesse caso, não se trataria de deixar o silêncio de lado (porém, deixar de lado essa modalidade monolítica e monológica), mas de dar-lhe outros sentidos com a polifonia de dizeres e calares que habitam toda leitura.

A leitura em voz alta de um texto literário – tão carregada de rituais ou de momentos fixos pautados por algumas posturas metodológicas que às vezes são respeitadas inequivocamente como dogmas – pode se tornar uma experiência em que se arrisca possibilidades, outras respirações e outros modos de pensar o lugar dos leitores e leitoras na construção de significados.

Em uma prática de leitura com meninos e meninas das salas de quatro e cinco anos para o projeto final da Pós-Graduação em Literatura Infantil e Juvenil da Cidade de Buenos Aires, que ocorreu entre 2002 e 2011, uma professora de nível inicial, Nazarena, havia escolhido o livro de imagens sem palavras (escritas) *Onda*, de Suzy Lee.[39] No registro que escreveu sobre essa experiência, comentou que estava preocupada por não saber como lê-lo, ou seja, como levar adiante o ato físico e interativo de ler um livro sem texto escrito com os meninos e meninas, já que ela só tinha experiência em compartilhar a leitura de livros com palavras. Por fim, decidiu que leria o título mostrando a capa e então arriscaria (assim sentiu) a se calar enquanto ia passando as imagens para permitir que os meninos e meninas interviessem. Mal havia começado a mostrar a primeira página dupla sem falar, um menino a interrompeu dizendo: "Professora, não diz!". Tanto Nazarena quanto eu achamos luminosa e eloquente a síntese dessa reação: o "não diz" podia ser atribuído tanto a ela como mediadora quanto ao livro sem palavras escritas. Os meninos e meninas, habituados à voz das pessoas adultas lendo para eles, vivenciaram, com estranhamento, o começo dessa situação inédita e, em seguida, passaram a dialogar com o livro e com a professora, tornando-se intérpretes ativos do que era dito por meio de imagens e jogando o jogo do livro, como intérpretes lúdicos de um encontro desafiador entre uma menina e um mar. Tratou-se de uma situação em que a democratização das vozes no ato de leitura foi sugerida por essa estagiária a partir de uma proposta estética silenciosa.

"Silenciografia" e mediações: Os silêncios como forma de aprender sobre arte

"Não há silêncio verdadeiro se não for compartilhado",[40] diz Calypso a Ulisses em *Diálogos com Leuco*, de Cesare Pavese.

Há vários anos, compartilhei com professoras e professores em Bogotá um texto chamado "Ouvir nas entrelinhas: O valor da escuta nas práticas de leitura". Nele, falava sobre a escuta como uma posição metodológica e ideológica em relação com o ensino de textos literários em diversos contextos. Trago novamente um breve fragmento que tem a ver com o lugar do "como" e da seleção de textos para depois pensar num possível vínculo com os silêncios e a mediação:

> O encontro dos leitores com a arte passa em grande medida pela forma como nos abala o "como". A escola é um lugar privilegiado para dar nomes possíveis a esse terremoto de significados e preparar nossos ouvidos e os de outros que leem para encontrarmos modos de falar sobre textos artísticos. A escuta dos professores precisa então nutrir-se de leituras e saberes sobre o "como" da construção de mundos com palavras e imagens para que os alunos se desenvolvam na arte cotidiana de falar sobre livros.[41]

Essa nutrição tem um umbral inescapável: a seleção dos textos que serão oferecidos no encontro social de leitura literária. Aí se inicia a escuta; aí o ouvido do mediador começa a se apurar. A escolha de textos vigorosos, abertos, desafiadores, que não caiam na sedução simplista e demagógica, que provoquem perguntas, silêncios, imagens, gestos, rejeições e atrações, é a antessala da escuta.

A ideia da seleção como antessala da escuta supõe um silêncio próprio que se deixa habitar por múltiplas vozes e silêncios de textos e leitore(a)s. Precisa daqueles de nós que escolhem com apurada atenção ao "como" dos textos; isto é, de que maneiras seus procedimentos, suas formas fazem trama com o temático. Também aos diversos "comos" de quem lê, com a marca de seus achados, de suas táticas pessoais e grupais de construção de sentidos.

Nos últimos anos venho propondo, em diferentes instâncias de formação de futuros mediadores e mediadoras, estratégias de seleção que incluem pararmos para discutir sobre o "como" dos livros que não escolheríamos. Convido a olhar de perto para o excesso no dizer e no mostrar que caracteriza grande parte deles. É um caminho possível para chegar à valorização do não dito e mostrá-lo a partir de seu contrário.

Aprender sobre uma "retórica de verborragia" supõe o reconhecimento dos vestígios do excesso de dizer em todas as dimensões textuais: palavra, imagem, decisões paratextuais da edição e abordagens próprias das mediações. Ao detectar o que é dito desnecessariamente, os leitores e leitoras podem reconhecer, por oposição, a potência do que é sugerido, velado, incerto e calado, características fundamentais dos discursos estéticos.

Comecei falando sobre os silêncios que se enlaçam às vozes, ou seja, enfatizando o caráter dialógico dos silêncios. Por isso quero concluir compartilhando um pequeno exercício/jogo que fiz enquanto relia Bakhtin. Em um pequeno fragmento do livro *Yo también soy (Fragmentos sobre el otro)*, brinquei de trocar a palavra "sentido" por "silêncio". O fragmento de Bakhtin diz:

> Um sentido atual não pertence a um único sentido singular, mas a dois sentidos que se encontraram e entraram em contato. Não pode haver "sentido em si": o sentido existe apenas para outro sentido, ou seja, existe apenas junto com ele.

Ao trocar "sentido" por "silêncio", meu fragmento ficou assim:

> Um silêncio atual não pertence a um único silêncio singular, mas a dois silêncios que se encontraram e entraram em contato. Não pode haver "silêncio em si": o silêncio existe apenas para outro silêncio, ou seja, existe apenas junto com ele.

Nossos silêncios não estão tão sozinhos quando nos abrimos aos dizeres e calares dos outros e outras. Só assim os silêncios fazem sentido. O silêncio é sempre "entre".

Como diz Clarice Lispector no final de seu poema "Dá-me a tua mão":

> Entre duas notas de música existe uma nota,
> entre dois fatos existe um fato,
> entre dois grãos de areia por mais juntos que estejam
> existe um intervalo de espaço,
> existe um sentir que é entre o sentir
> – nos interstícios da matéria primordial
> está a linha de mistério e fogo
> que é a respiração do mundo,
> e a respiração contínua do mundo
> é aquilo que ouvimos
> e chamamos de silêncio.[42]

2. A voz nasce do silêncio*

> Como salvar o visível, senão fazendo dele a linguagem
> da ausência, do invisível?
>
> RAINER MARIA RILKE, *CÂNTICOS*

Fui convidada a participar desta conversa porque os organizadores deste encontro se interessaram por alguns de meus escritos que se referiam à construção do silêncio na literatura e à escuta em situações de leitura literária. Embora não estivesse me referindo especificamente à narrativa oral, o que havia dito naquelas reflexões lhes pareceu próximo. Fiquei curiosa

---

* Texto da conferência proferida pela autora no 15º Encontro Internacional de Narrativa Oral "Cuenteros y Cuentacuentos" – "Brindar historias", realizado no âmbito da 36ª Exposição Feira Internacional de Buenos Aires *El libro del autor al lector* (Buenos Aires, 30 de abril de 2010).

para saber a origem e as possíveis causas dessa proximidade numa prática como a narrativa oral que se caracteriza por buscar a hospitalidade do silêncio para ali compartilhar a palavra. Perguntei-me, então, o que do silêncio pode interessar aos narradores orais em relação às suas práticas. Também me perguntei como eles constroem o contraponto entre voz e silêncio, e onde reside o silencioso para eles, para vocês.

Esta conferência tentará, então, uma série de abordagens em forma de hipóteses abertas às questões e opiniões que já se vão fazendo em torno da relação entre a palavra e o silêncio ou que se começa a fazer talvez no decorrer desta conversa em que a minha voz se sustenta na escuta de vocês.

Proponho deambular em torno de duas dimensões possíveis do silêncio nas práticas de narrativa oral: as que têm a ver com a trama de voz e silêncio, a qual supõe todo ato de narrar para outros que escutam, e as que têm a ver com os silêncios que habitam todo texto artístico.

Embora na situação de narração ambas as dimensões confluam, cada uma tem sua própria entidade. A primeira, a de vocalização [*puesta en voz*] de um texto para ouvintes que se calam momentaneamente e se tornam uma espécie de leitores "de ouvidos e olhos", tem a ver com os rituais do gênero, tributários da conversa, ainda que com marcas específicas. A outra tem a ver, por um lado, com os diversos silêncios do texto que podem ser lidos pelo narrador primeiro no processo de apropriação (fazê-lo seu) e depois na transposição para a sua versão oral. Por outro lado, está ligada às formas como esses silêncios se colocam à disposição e se deixam escutar quando o texto é narrado a outros.

Como verão, vou me estender mais na segunda dimensão, mas não quero tirar o corpo fora da primeira, que é a que mais explicitamente tem a ver com a dimensão corporal, com os sentidos.

Para pensar a instalação do silêncio na relação entre os corpos daqueles de quem falamos e a quem escutamos, é interessante ver as reflexões de um antropólogo, David Le Breton, que, na introdução de seu livro *Du silence*, se detém para olhar a relação interdependente entre voz e silêncio.[43] Ele diz que não existe palavra sem silêncio, e vice-versa. Ambos são necessários e se implicam, pois o silêncio só pode ser reconhecido na medida em que o som ou a linguagem o rodeiam. É possível ver um exemplo dessa dialética no personagem mudo dos Irmãos Marx, Harpo, que nos convida a perceber como seu silêncio brilha e é mais eloquente porque ocorre em meio à tagarelice exagerada que se ouve ao seu redor.* A poesia de sua gestualidade muda é realçada pelo contraste com a loquacidade cômica de quem fala até o absurdo.

Outro exemplo possível tem a ver com as economias da fala em diversas comunidades. As formas de silêncio que caracterizam algumas culturas tornam-se especialmente mais chamativas, e muitas vezes até vistas com preconceito e desvalorização, por pessoas que provêm de outras culturas nas quais a palavra constantemente encobre o silêncio.

Uma forma de nos envolvermos com essa interação entre falar e calar é prestar uma atenção minuciosa e olhar microscopicamente como o diálogo

---

* Tomei este exemplo de "A estética do silêncio", de Susan Sontag que, ao refletir sobre a arte moderna, tem vários pontos em comum com Le Breton: "O 'silêncio' nunca deixa de implicar seu oposto e depender de sua presença: assim como não pode existir 'em cima' sem 'embaixo' ou 'esquerda' sem 'direita', é necessário reconhecer um meio circundante de som e linguagem para se admitir o silêncio. Este não apenas existe em um mundo pleno de discurso e outros sons, como ainda tem em sua identidade um trecho de tempo que é perfurado pelo som" (SONTAG, Susan. A estética do silêncio. In: *A vontade radical: estilos* [Tradução de João Roberto Martins Filho]. São Paulo: Companhia das Letras, 1987, p. 18).

entre a palavra e o silêncio se instala no fluxo de uma conversa. Essa abordagem sensorial pode nos mostrar a espessura, a carnadura do silêncio e como o alternamos com o uso da voz quando falamos.

A esse respeito, diz Le Breton:

> O silêncio nunca é o vazio, mas a respiração entre as palavras, o recuar momentâneo que permite o fluxo dos significados, a troca de olhares e emoções, o sopesar tanto das frases que se amontoam nos lábios ou o eco de sua recepção, é o tato que cede o uso da palavra mediante uma leve inflexão da voz, imediatamente aproveitada por quem espera o momento favorável.[44]

Ver o silêncio como vazio, como omissão, é deixar na linguagem, na palavra, apenas a possibilidade de ruído. A saturação incontinente das palavras (tão características destes tempos que correm e de certos discursos que tendem a não deixar nada escapar ao seu controle) tapa os poros por onde respira aquilo que se cala.

O temor ao silêncio muitas vezes representa o medo de parar e olhar para o que as palavras pronunciadas ou as que temos dentro, em forma de pensamento, estão nos dizendo. Sobre esse mundo interior, universo intensamente habitado por vozes, o mesmo autor afirma:

> Se a linguagem e o silêncio se entrelaçam na enunciação da palavra, pode-se dizer também que todo enunciado nasce do silêncio interior do indivíduo, de seu permanente diálogo consigo mesmo. Cada palavra é, com efeito, precedida por uma voz silenciosa, por um sonho acordado cheio de imagens e pensamentos difusos que não param de trabalhar em nós, mesmo quando o sonho rompe as suas coordenadas.[45]

Essa "voz silenciosa" que vem tanto do sonho acordado quanto do sonho adormecido é o limiar da palavra. Prestar atenção e cuidar amorosamente dessa voz de silêncio que faz parte de nossa interioridade e da dos outros com quem dialogamos é uma forma de construir pontes com aquilo que dizem e calam nossos interlocutores, ouvintes que leem os textos na partitura de nossas palavras.

Em toda situação de narrativa oral subjaz um pacto silencioso, semelhante ao da conversa, mas com outros traços, outros códigos, em que a presença sonora de um texto é a senha para o contraponto entre voz e silêncio. Nesse pacto quase sempre implícito, embora em alguns casos venha precedido por fórmulas ou sinais de entrada nas ondas do ar, o narrador faz emergir sua voz sonora de sua própria voz silenciosa enquanto seus ouvintes suspendem momentaneamente a sonoridade e, interpelados pelo texto, acomodam-se (ou desacomodam-se) em sua interioridade ativa, "esse mundo caótico e silencioso que nunca se cala".

Proponho construir uma espécie de índice provisório e aberto de algumas das múltiplas maneiras pelas quais o silêncio habita os textos. Nosso primeiro passo será a figura do narratário* em algumas narrativas. Em seguida, passaremos pela relação entre o visível e o oculto em algumas narrativas e pelo poder da leitura poética para aprender a ler o silêncio dos textos. Por último, a construção do não dito na relação imagem e palavra nos álbuns-livros.

---

* "Entidade da narrativa a quem o narrador dirige o seu discurso. O narratário não deve ser confundido com o leitor, quer este seja o leitor virtual, isto é, o tipo ideal de leitor que o narrador tem em mente enquanto produtor do discurso, nem com o leitor ideal, isto é, o leitor que compreende tudo o que o autor pretende dizer". In: CEIA, Carlos. *E-dicionário de termos literários*. Disponível em: < tinyurl.com/2r9v7kp7> (Acesso: 20 fev. 2023) [N.T.].

Um texto de Ema Wolf, *Historias a Fernández*,⁴⁶ tematiza, com humor, o pacto entre aquele que narra e aquele que escuta. O ouvinte é um gato (uma condição felina que fica em silêncio) chamado Fernández cuja vida depende do suporte da narrativa, uma espécie de inversão paródica de Sherazade. Trata-se de uma transposição para a escrita de uma situação de narrativa oral e também de uma paródia da situação comunicativa característica da relação autor-leitor infantil.

O destinatário da narração, ou seja, o narrador explícito das histórias contadas pela narradora salva-vidas, é construído pela própria história através dos permanentes e engraçados apelos e seduções de quem narra. A história, por sua vez, só pode sobreviver se o narratário não adormecer e escutar. Dependência mútua de narrador e narratário que sugere que toda narrativa oral é um elo de forças magnéticas na qual a história é o imã.

A figura do narratário, um "tu" a quem a narrativa se dirige, é muito interessante para pensarmos certas formas de representação da oralidade e do silêncio nas histórias. Nessa conversa, ela serve de ponte entre as duas dimensões que mencionamos no início, a da relação entre voz e silêncio no ato de comunicação presente na narrativa oral e a dos modos de construção do silêncio no interior do texto. Assim como em toda narrativa oral há um narrador e um auditório que escuta, em toda história escrita há também um narrador e alguém a quem essa história se destina, o que seria o equivalente ao auditório. Mas diferentemente da situação de oralidade em que os ouvintes estão presentes, na escrita o narratário é uma figura silenciosa que deve ser construída a partir daquilo que é sugerido ou calado.

A busca do que não está, mas é suscitado e sugerido pelo que está, é uma premissa da arte. Na literatura, o caráter estético ocorre quando o silêncio é convocado a partir da palavra. Uma metáfora gráfica é pensá-lo na materialidade do livro:

> O traço negro de cada palavra torna-se inteligível no livro graças à brancura da página. (...) A qualidade de qualquer escrita depende do quanto ela transmite o mistério, esse silêncio que ela não é. Seu esplendor é uma enriquecedora abdicação de si própria.[47]

A figura silenciosa do narratário, um ouvinte mascarado, nasce do "traço negro" do "tu", mas encarna o branco de uma ausência, a daquele que não fala. No entanto, em sua escuta, a história se sustenta.

Várias obras da escritora María Teresa Andruetto brincam com essa dialética do traço negro sobre o fundo branco, que, neste caso, implica alguém que se intui ouvindo por trás do apelo de um narrador que precisa dar suas palavras de memória. As narrativas dos livros *Stefano*[48] e *Veladuras*[49] coincidem na construção de narratários que, em sua arte de ouvir, acomodam a necessidade do narrador de se encontrar de algum modo com as memórias. Vejamos dois exemplos desses livros:

> Antes a nossa casa cheirava a anchovas com molho verde, a minha casa do outro lado do mar, Ema, a casa da minha mãe [*Stefano*].

> Foram assim, doutora, durante muito tempo os domingos (...) [*Veladuras*].

> Até agora, até o que contei a você, nunca tinha me feito lembrar disso. Nem sequer havia contado ao Dr. Freytes toda a minha dor, na íntegra, como contei a você. Agora que penso nisso, é como se, repassando, e repassando, meus pensamentos e memória voltassem a mim outra vez [*Veladuras*].

No livro *Lengua madre*,⁵⁰ embora a voz que leva a história adiante não se sustente em relação à escuta, a memória do vivido e sofrido é construída por meio da leitura de cartas, gênero que também supõe um ausente a quem se tenta reconhecer e se aproximar por meio da palavra escrita. Nesta história em que as ausências, os silêncios e os exílios tramam a relação entre três gerações de mulheres de uma mesma família na dolorosa história recente da Argentina, a voz e a vida de quem já não vive revivem na potência e na fragilidade de uma leitora que, ao ler cartas que a envolvem, mas que não lhe eram destinadas, torna-se narratária na obstinação de remontar sua estilhaçada história de vida.

É um exercício interessante pensar naquelas ficções em que o narratário é vital para a história, como se faz para sugerir a figura e a alma de alguém que não está na passagem da escrita para a oralidade. Como aquilo que se cala em um texto se desenha na gestualidade e na palavra pronunciada para outros? Como aparece o destinatário ficcional de uma história, esse mudo intenso, na cena narrada oralmente? Um tu que, na passagem para a oralidade, a partir do diálogo entre traço negro e fundo branco próprio da escrita artística, se metamorfoseia e ganha as cores da voz e do silêncio.

Vejamos agora uma outra forma em que o não dito aparece nas histórias.

Se levarmos a reflexão sobre o silêncio às táticas com que as histórias graduam o calar e o dizer, é muito interessante trazer algo de que Ricardo Piglia trata em "Teses sobre o conto".[51] Nesse artigo, Piglia diz que em todo conto sempre há duas histórias, uma visível e outra secreta. Com relação a esta última, ele esclarece que não se trata de um relato oculto que depende de interpretação para ser revelado, mas de uma história contada de modo enigmático. Segundo Piglia, as maneiras de contar essa história secreta têm variado do conto clássico até o conto moderno.

A propósito das diferentes maneiras de contar a história visível e a história secreta, ao narrador oral se apresenta o desafio de explorar e representar a paleta sutil que cada conto utiliza para sugerir o oculto. Ou seja, encontrar o tom, a gestualidade, as palavras e o silêncio que ponham em cena a tensão do segredo, que ora se revela, ora permanece nas sombras.

No caso daquelas histórias em que a construção gradual de uma surpresa é fundamental nada tem que escapar a esse objetivo. No decorrer da narrativa, o que se esconde fica momentaneamente oculto para o leitor ou para o ouvinte, que é estimulado por meio de indícios e pistas para que a descoberta chegue no momento previsto pelo texto. Como diz David Lodge em seu livro *A arte da ficção*, a preparação requerida por essas histórias é crucial, pois "como em um show pirotécnico, um pavio vai queimando aos poucos e, por fim, desencadeia uma sequência de explosões espetaculares".[52] Esse tipo de histórias são primas de primeiro grau da adivinhação, em que o procedimento central é o estranhamento em relação ao objeto ou à situação que se espera que o outro revele. (Veja como exemplo o conto "*Sin paraguas*" [Sem guarda-chuva], de Iris Rivera).* Por meio de recursos metafóricos ou

---

* RIVERA, Iris. Sin paraguas. In: *Llaves*. Buenos Aires: Edebé, 2006.

"Que chuva! E eu sem guarda-chuva!

Mas não cobri a cabeça nem saí correndo.

Fechei os olhos, não movi uma unha. Deixei aquele toró cair em mim.

Meu cabelo ficou grudado na testa e escorrendo pelos ombros. Rios caíram de meus cílios. Das orelhas, cataratas. Riachos nos dedos. Meus pés estavam inundados.

Com os olhos fechados, ouvia a água cair sobre a água. Ela caía por minhas costas, por meus braços.

Me agachei, abri os olhos e... plaft ... no chão. Plash, plash, plash ... respinguei. Respingava.

metonímicos, isto é, substituindo total ou parcialmente alguns sentidos por outros, provoca-se ludicamente a busca por uma resposta possível nos destinatários da arte de adivinhar. Os truques do contador de adivinhas consistem nas formas de dosar os véus do silêncio com as iluminações cintilantes do que está parcialmente dito. Como estimular com o mínimo de lanternas para iluminar labirintos deliciosamente obscurecidos.

O efeito oposto às luminárias sutis é o uso de faróis ofuscantes, aqueles que, à força de tentar iluminar tudo, acabam deslumbrando leitores e ouvintes. É uma tendência bastante frequente em grande parte da literatura infantil e juvenil produzida. Refiro-me àquelas retóricas do excessivamente dito e sublinhado, da verborragia, da superexplicação que têm tanto medo de espaços de sombra, silêncios, ambiguidade

---

A chuva ricocheteava no chão, nas paredes, na chuva. O barulho me deixava surdo. Virei o rosto para cima. E choveu na minha barriga, no meu peito, no meu rosto. E de bruços. E choveu em minha nuca, nas costas, no meu traseiro.
Estava todo encharcado, ensopado.
Ensopado e com roupas secas.
Do jeito que minha mãe gosta. Roupas secas.
Ufa. Ela desligou o chuveiro e me enrolou na toalha".

e enigmas sem resposta. Eles geralmente partem de uma representação dos leitores como planetas sem luz própria que precisam de um sol guia para canalizar seus caminhos de leitura.

Ler poesia, sobretudo poesia contemporânea, pode ser uma prática interessante para nutrir a escrita narrativa com o silêncio e também para permear a passagem do escrito para o oral com delicadeza e cautela ao narrar para os outros.

O silêncio artístico, encontrado de diversos modos na poesia, pressupõe um paradoxo já que a fala é a ponte e o suporte do que se cala. Na linguagem artística não existe silêncio absoluto, mas a possibilidade de se calar com as palavras, com as imagens, com os sons.*

No entanto, estamos mais acostumados a ler o que se diz do que aquilo que se cala. Como diz o poeta Roberto Juarroz:

---

* Este também é o caso de Susan Sontag: "Enquanto propriedade da obra de arte em si, o silêncio pode existir apenas num sentido arquitetado ou não literal. (Colocando-se de outro modo: se uma obra de arte existe de alguma forma, seu silêncio é apenas um elemento nela)". SONTAG, Susan. A estética do silêncio. In: *A vontade radical: Estilos* (Tradução de João Roberto Martins Filho). São Paulo: Companhia das Letras, 1987, p. 17.

Existe um alfabeto do silêncio,
mas não nos ensinaram a soletrá-lo.
No entanto, a leitura do silêncio é a única duradoura,
talvez mais do que o leitor.*

Aprender a soletrar o silêncio pode ser uma tarefa nutritiva em relação à palavra , que pode, a partir dele, renascer com outras luzes.

---

* JUARROZ, Roberto. El silencio que queda entre dos palabras. In: *Poesía vertical*. Antología esencial. Buenos Aires: Emecé Editores, 2001.
"El silencio que queda entre dos palabras
 no es el mismo silencio que envuelve una cabeza cuando cae,
 ni tampoco el que estampa la presencia del árbol
 cuando se apaga el incendio vespertino del viento.
 Así como cada voz tiene un timbre y una altura,
 cada silencio tiene un registro y una profundidad.
 El silencio de un hombre es distinto del silencio de otro
 y no es lo mismo callar un nombre que callar otro nombre.
 Existe un alfabeto del silencio,
 pero no nos han enseñado a deletrearlo.
 Sin embargo, la lectura del silencio es la única durable,
 tal vez más que el lector".

Uma das formas de ler os códigos do silêncio é bisbilhotar a brecha em que os significados são produzidos quando o linguístico e a imagem se relacionam na poesia visual, ou nos livros-álbum, como exemplos de alguns gêneros baseados na convivência de linguagens artísticas. Octavio Paz refere-se aos poemas-objeto como uma "criatura anfíbia que vive entre dois elementos: o signo e a imagem, a arte visual e a arte verbal. Um objeto-poema se contempla e, ao mesmo tempo, se lê". Ele também os define como "coisas mudas que falam. Vê-las é ouvi-las. O que dizem? Elas dizem charadas, enigmas. De repente, esses enigmas se entreabrem e deixam escapar, como a crisálida, à borboleta, revelações instantâneas".[53]

Os livros-álbum também são da família dos anfíbios que convivem com duas linguagens, não podem sobreviver com uma só (mesmo nas histórias sem palavras). Para tal, tanto a palavra quanto a imagem têm de deixar respirar uma à outra por meio da combinação equilibrada entre sua linguagem específica e o silêncio. Quando vociferam, quando dizem mais do que deveriam, o livro-álbum é violado e sua qualidade estética sofre.

Existem algumas experiências de passagem ou adaptação de livros-álbum para narrativa oral. Nesses casos, torna-se interessante refletir sobre como os signos da imagem são adaptados e transpostos para a linguagem da voz em sua relação com a palavra. O que o narrador pega e deixa da imagem para trazê-la para a história? Como traduzir os signos silenciosos daquilo que é plástico e icônico e levá-los para o idioma da palavra pronunciada? O que se ganha e o que se perde nesse intercâmbio de linguagens tão habitadas por modos de diálogo e silêncio?

Até aqui fizemos um pequeno passeio reflexivo por alguns possíveis modos de silêncio em textos artísticos. Também pela disposição e atitude de quem narra como intérprete do silêncio por trás do som das palavras. Esse é um convite a acariciar a atenção, parar um pouco o ar, afinar os ouvidos. Do não dito nasce nossa voz. O inverso também é verdadeiro e revigorante.

III. MEDIAÇÕES

1. Ficção e verdade: Desafios atuais na mediação de leitura

> A ficção não pede para que se acredite nela enquanto verdade, mas como ficção.
>
> JUAN JOSÉ SAER, *O CONCEITO DE FICÇÃO*

Estamos vivendo em uma época agitada no que diz respeito ao crer. Aquela famosa ideia da "suspensão da incredulidade" proposta por Coleridge, que deu e continua dando corda a algumas formas de explicar o pacto ficcional que os leitores estabelecem com certos textos, hoje estremece quando, no mundo que cerca a leitura dos textos considerados ficcionais – o mundo que chamamos de "contexto" –, diversas formas de engano são admitidas sem questionamento ou reclamação de autenticação por um número significativo de pessoas que confiam apenas no impacto emocional como evidência suficiente para dar credibilidade ao que acreditam, obviamente falso. Há muitos exemplos disso em nossos países nos dias de hoje. A utilização das ficções (em sua acepção próxima à ideia de fabulação) ou, melhor dizendo, o emprego de mecanismos provenientes do território dos textos ficcionais – artísticos ou não – em práticas de comunicação social, como o jornalismo e a propaganda política, pode gerar efeitos consideráveis em nossas vidas, às vezes de maneira imperceptível, como gotas que vão perfurando a possibilidade de confiar e outras vezes como cataclismos que arrasam, como um vendaval político, econômico e social.

Os limites difusos entre ficção e realidade nos tempos que correm nos desafiam a pensar como essas areias movediças incidem em alguns problemas que surgem na mediação ligada a diversas formas de arte, como a literatura infantil, uma zona de saberes e práticas especialmente complexas em relação a esta temática.

Para começar a reflexão sobre a forma como a disquisição entre ficção e não ficção afeta a literatura infantil e as experiências de mediação de leitura com essa zona textual, vou me referir a dois exemplos artísticos díspares: um que não provém do campo da literatura e da cultura da infância, e outro que sim. Os vasos comunicantes entre textos (num sentido amplo, que inclui o visual e as diversas manifestações multimodais) e teorias que discutam os limites de idade na destinação de objetos culturais me parecem produtivos para o campo da literatura infantil e juvenil.

Primeiro exemplo: Arte visual que desnaturaliza fronteiras

Em 2019, foi inaugurada uma exposição antológica da obra do artista conceitual argentino Leandro Erlich no Malba, um dos museus mais importantes na área de arte contemporânea latino-americana. Quem passava pela área ou estava prestes a entrar no museu encontrava-se na fachada com um grande cartaz imobiliário anunciando a venda do imóvel.

O impulso de muitas pessoas era se perguntar: "O que estamos vendo é verdade?" Vi essa foto replicada nas redes sociais: a primeira reação nos comentários foi de assombro. Custava acreditar que esse museu particular, de propriedade de um dos empresários mais ricos da Argentina, estivesse "à venda". "Eles também estão vendendo o Malba?" era uma das perguntas que, com certa ironia, ligava o cartaz de venda à crise econômica em meu país, agravada por quatro anos de um gestão governamental que gerou a maior dívida da história argentina.* Alguns segundos depois (dependendo do caso), descobria-se tratar-se de uma ilusão, de uma encenação: era uma instalação artística. Em seguida, ao entrar no museu e observar outras obras de Erlich, a constatação irrompia: criar ilusões e convidar a percepção à desautomatização são algumas das pesquisas conceituais do artista. A desestabilização que a semelhança com o real provoca em suas obras nos leva a questionar os limites entre o que percebemos e a verdade. O título da amostra era sugestivo: "*Liminal*" [Liminar]. A fronteira entre o que é verdadeiro e o que se constrói como mundo possível propunha distanciar e desnaturalizar o olhar atravessado pela rotina. Talvez para alguns espectadores/participantes tenha sido uma oportunidade de ativar o pensamento crítico sobre os efeitos da ilusão e do engano na percepção do que se apresenta como real na contemporaneidade.

---

* Referência ao governo de Mauricio Macri, presidente da Argentina de 2015 a 2019. Macri realizou políticas econômicas de mercado e buscou atrair investimentos estrangeiros e reduzir subsídios, mas se deparou com diversos problemas econômicos em sua gestão, como inflação e dívida crescente (seu mandato foi marcado por protestos e críticas à gestão econômica) [N.T.].

Segundo exemplo: A pergunta sobre quem é o dono da verdade em uma ficção infantil

Em *A verdadeira história dos Três Porquinhos!*,[54] livro-álbum de Jon Scieszka e Lane Smith, o conto folclórico *Os três porquinhos* é parodicamente revisitado na perspectiva do lobo, que aqui se apresenta com seu nome e sobrenome: Silvestre B. Lobo. Com um tom cúmplice, ele tenta convencer os leitores e leitoras de que "essa coisa de lobo mau" é "tudo invenção". Para isso, ele conta a "verdadeira história", na qual aparece como um pacífico lobo que estava com um resfriado e queria preparar um bolo para sua vovozinha, e vai em busca de uma xícara de açúcar que faltava para sua receita. Em sua busca, ele se depara com as casas dos porquinhos e seus espirros derrubam as frágeis casas dos dois primeiros, que são devorados pelo lobo que alega estar com fome; na de tijolos, o lobo acaba sendo apanhado por porcos policiais e o fato é registrado por jornalistas da mesma "associação" de animais.

Esta história, aparentemente simples, esconde uma complexa trama de versões que acaba colocando em questão a "verdade" do lobo e convida os leitores a problematizarem a sua.

Desde a capa, assistimos ao questionamento sobre a autoria da história, pois a imagem reproduz a primeira página com um artigo de *O Diário Lobo*, assinado pelo chamado S. Lobo, cujo título coincide com o do livro que estamos comentando. Este, por sua vez, se apresenta como a fonte recolhida pelos autores reais, uma vez que, na parte inferior da capa, lê-se o texto "tal como foi contada a Jon Scieszka, ilustrada por Lane Smith". Essa estratégia se reproduz em forma de espelho invertido após a cena na casa do terceiro porquinho: o destino do lobo é anunciado pelo *Diário do Porco* com um olhar que privilegia a fama maléfica que os contos tradicionais convidaram a construir.

O adjetivo "verdadeira", que é colocado antes da palavra "história" na capa do livro, sugere um duplo cruzamento genérico, pois dá conta do uso do discurso jornalístico como material ficcional por parte dos autores. O estilo jornalístico se caracteriza por tencionar uma relação supostamente mais objetiva do que a estabelecida pela ficção, embora, como sabemos, ambos os discursos proponham uma construção da verdade e não sejam a verdade em si. O cruzamento entre várias versões possíveis – a do lobo (recolhida pelos autores que, indubitavelmente, situam-se próximos da "verdade" do lobo), a dos jornalistas suínos e as dos leitores e leitoras – confirmam que não existe uma única forma de contar os fatos.

No início do relato, o narrador em primeira pessoa, Silvestre Lobo, dá a entender a possibilidade de os leitores e leitoras, a quem ele questiona como conhecedores de histórias clássicas, descobrirem a história de *Os três porquinhos*. Ele estabelece uma relação cúmplice ("Vou contar um segredo"), mas compete com os leitores e leitoras na veracidade das versões e, claro, destaca a sua como a "verdadeira".

Por que cruzar esses dois exemplos tão díspares no que diz respeito aos circuitos de comunicação estética com potenciais públicos (que, além das práticas mais habituais, poderiam participar e se enriquecer com diferentes propostas)? Ambos os objetos culturais parecem interpelar aqueles de nós que são receptores, buscando provocar, desestabilizar, por meio de diferentes armadilhas, nossa tendência a submergir e diluir sem questionar o caráter de cada objeto como artefato construído, seja uma instalação ou um livro publicado por editoras que se dedicam à literatura infantil. No livro-álbum, essa provocação agrega uma atitude lúdica e humorística, como costuma acontecer em diversas propostas metaficcionais que são editadas para as infâncias.

O problema da verdade pode suscitar questionamentos não apenas nas pessoas adultas e jovens como destinatárias de diversas ficções, entre elas, as literárias. Também preocupa especialmente meninos e meninas que, embora pactuem com a ficção, muitas vezes se perguntam sobre sua relação com a realidade e o verdadeiro. Parece que eles, mais do que ninguém, reconheceram o que Juan José Saer, em *O conceito de ficção*, aponta como "o duplo caráter da ficção, que mistura, de um modo inevitável, o empírico e o imaginário".[55] Alguns autores e autoras que costumam compartilhar encontros com seus leitores e leitoras infantis ficam admirados com a forma como a questão do real e do ficcional aparece nessas conversas e veem aí uma preocupação genuína com a matéria artística. O romancista francês Michel Tournier, no artigo *"Faut-il écrire pour les enfants?"* [Devemos escrever para as crianças?], comenta:

> Escuto as perguntas das crianças. Esforço-me para respondê-las. Elas não são mais "pueris" do que aquelas que os leitores adultos costumam fazer. E, no conjunto, talvez o sejam menos. Sua brutalidade vai sempre ao essencial: quanto tempo você demora para escrever um livro? Quanto é que você ganha? Se houver erros de ortografia em seu manuscrito, o que seu editor diz? O que há

de verdade em suas histórias? (...) A última questão, notadamente, coloca toda a estética literária em questão.⁵⁶

Brevíssimas notas sobre "fantasia" e "realidade"

A preocupação com os vínculos entre o empírico e o imaginário atravessa a história da literatura infantil desde suas origens, fundamentalmente ligada aos contos folclóricos de diversas culturas. Não é por acaso que essas histórias façam parte das raízes da cultura da infância, embora originalmente tivessem um público indistinto em termos de idades. Desde o surgimento do conceito de infância, ela é considerada uma das etapas da vida com maior exploração do pensamento mágico (diz-se, muitas vezes, que meninos e meninas têm muita "imaginação", termo frequentemente usado como categoria amorfa, ajustável a textos e situações muito diferentes). A tensão entre o real e o imaginado costuma aparecer referida com o par dicotômico "fantasia e realidade", noções que são utilizadas com sentidos distintos em diversas práticas que se ocupam da literatura infantil (ensino, mundo editorial etc.).

O termo "fantasia" é nebuloso no que diz respeito ao genérico por conta de sua proximidade com o termo "fantástico". Nas áreas ligadas à educação e na chamada "promoção da leitura", é comum ouvir que tanto os gêneros "fantástico" quanto "maravilhoso" são identificados com a palavra "fantasia", o que acaba por achatar a rica produtividade das diferenças entre os gêneros. Questionar sobre o significado e o uso dos termos não implica um posicionamento textocêntrico, pois é importante a soberania dos leitores e leitoras que podem postular diferentes hipóteses sobre os gêneros na interpretação dos textos (isso é muito frequente, na leitura de literatura infantil, a convivência e, por vezes, a sobreposição de diferentes pactos). Mas do nosso ponto de vista, nós, que somos mediadores, se subestimarmos os saberes sobre as diferenças de gênero na análise dos textos e das leituras, perdemos o enriquecimento na percepção de nuances nos pactos com os gêneros quando os leitores e leitoras constroem significados.

Por outro lado, ao falar de "fantasia" em oposição à palavra "realidade" parece que o gênero realista se confunde com o mundo real – ele se "desficcionaliza". Os relatos realistas costumam ser explicados como "o real", sem reconhecer, assim, que existe um verossímil realista a partir da construção de efeitos, convenções específicas, como propõe Barthes em "O efeito de real".[57]

Se pensarmos a leitura como um ato de cocriação e nos posicionarmos a partir do lugar de quem lê como coautores do que é lido, os leitores e leitoras estabeleceriam escalas naquilo que se considera ficcional? Em relação à representação dos signos visuais, a retórica da imagem fala de "graus de iconicidade" (que têm a ver com os graus de semelhança das imagens com os seus referentes, reais ou não): será possível pensar em "graus de ficcionalidade" na percepção dos leitores e leitoras (pensando a leitura num sentido amplo, que inclui o escrito)? Haverá gêneros que são percebidos pelos leitores e leitoras como mais ficcionais do que outros? O maravilhoso, no qual o impossível se encontra especialmente à vontade, poderia ganhar a partida dessa suposta escala possível de ficcionalidades diante do realista, que muitas vezes é confundido com a realidade fora da ficção.

No que diz respeito à "realidade", este é um termo ainda mais complicado, porque, além de confundir o gênero realista com o mundo real, creio que, no campo da literatura infantil, existe habitualmente uma espécie de pulsão de realidade, como se a ficção tivesse de se ajustar ou fugir dela de forma extrema. Grande parte da literatura infantil e juvenil, e de suas mediações, é propensa à "teoria do reflexo", a ideia pavloviana de que a ficção funciona como "estímulo-resposta" e produz mudanças nos comportamentos individuais ou sociais: por exemplo, se lermos ficção que ajuízam a discriminação ou o sexismo nos tornaremos automaticamente antidiscriminadores ou antipatriarcais.

Formas atuais de desficcionalização: O politicamente correto como um novo dogma contemporâneo

Enquanto nos meios de comunicação de massa (em particular, os meios audiovisuais) certos discursos ligados à chamada "pós-verdade" se caracterizam pelo emprego de estratégias ficcionalizantes (procedimentos da ficção aplicados a discursos não ficcionais a fim de manipular a informação, gerar determinadas emoções e atacar o pensamento crítico), um fenômeno aparentemente inverso, mas que poderia contribuir para os mecanismos da pós-verdade na tentativa de monopolizar os sentidos, vem crescendo na literatura infantil nos últimos tempos. Trata-se do que chamei anteriormente de *desficcionalização*: por exemplo, ficções que minam seus próprios efeitos ao atuar como veículos para a transmissão de distintas manifestações do politicamente correto. Com uma aparência supostamente bem-pensante, essas ficções, baseadas em consensos (que podem ser de diferentes convicções ideológicas, não apenas conservadoras) transmitem mensagens unidirecionais. Desde a existência da literatura infantil como área singular do sistema literário, a tensão entre o estético e o didático-moralizante fez parte de um jogo de forças que varia de acordo com as diferentes comunidades de produção e leitura. Em tempos em que o conservadorismo ganha terreno em posicionamentos políticos que são amplificados por meios de comunicação hegemônicos, não é por acaso que a tentativa de uniformização do pensamento seja uma prática sistemática em todos os territórios discursivos. A literatura infantil é uma das formas mais utilizadas para dogmatismos de diversas ordens.

Lamentavelmente para nós que lutamos pelo pensamento crítico também em relação aos temas de gênero, certos olhares de pouco ou limitado alcance utilizam a edição da literatura infantil para transmitir mensagens pré-digeridas e unívocas que distorcem as lutas feministas. De uma perspectiva maniqueísta ou binária, por exemplo, são realizadas adaptações de clássicos de diferentes épocas, e personagens ou situações dessas ficções são reconvertidos mecanicamente para se ajustar a demandas extraliterárias, uma variante contemporânea da "teoria do reflexo". Por exemplo, textos criados em outros contextos históricos são modificados de modo que os personagens masculinos se tornem femininos como se as posturas inclusivas e abertas pudessem ser inoculadas mediante essas manobras desficcionalizantes e anacrônicas. Em relação a essas mediações comportamentais, compartilho a reflexão do escritor argentino Martín Kohan em um texto escrito acerca de uma polêmica ocorrida há alguns anos na Espanha com a tentativa de censurar textos literários históricos considerados patriarcais por visões reducionistas de gênero:

> Um texto literário, por outro lado, quando é bom, tece seus sentidos com uma espessura de complexidade que não deveria se achatar nas lisuras lineares da literatura de "mensagem", a qual conta com um sentido dado de antemão e se limita a expressá-lo e transmiti-lo. A discussão ideológica se abre, portanto, ao desafio do que pode ser elaborado nas leituras; porque nenhuma ideologia (nem mesmo a de gênero) já vem selada e completamente resolvida na escrita: são as leituras, são os leitores, que produzem sentidos nos textos, e podem, assim, gerar tensões e discussões abertas e plurais. Toda luta, e também a do feminismo, é enriquecida dessa forma.[58]

Em todo caso, a desficcionalização também pode vir de certas operações de leitura que não veem as ficções como signos abertos a diferentes sentidos, mas como espelhos miméticos de realidades fechadas, monolíticas e indiscutíveis. Um exemplo dessa postura desficcionalizante foi o ataque por parte de leitores adultos (chamados de "pais"), ao conto *O menino que espiava pra dentro*,[59] de Ana Maria Machado, publicado pela Global em 1983 e distribuído durante longos anos para uma grande quantidade de escolas e bibliotecas do Brasil. Solicitou-se à editora que retirasse o livro de circulação, já que a situação de ficar preso com uma maçã para se entregar ao seu imaginário era considerada uma "apologia ao suicídio". Atitudes como essa são formas de censura que não toleram a potência das ficções em instaurar imaginários alternativos que não têm por que submeter sua liberdade a moralidades únicas e autoritárias.

Outra área de preocupação em relação às operações desficcionalizantes tem a ver com a utilização do ficcional como embalagem para discursos banalizados das neurociências. Hoje em dia são muitas as propostas editoriais ou portais educativos que utilizam a ficção para introduzir a chamada "educação emocional", que pretende direcionar as "emoções incorretas" para as que essas perspectivas consideram apropriadas; uma espécie de "emocionocracia", neologismo com o qual busco uma aproximação fônica e semântica com o termo "meritocracia". Existe um portal educativo argentino que pertence a uma fundação dedicada à intersecção entre educação e neurociências, e que promoveu capacitações pagas pelo governo anterior ao atual na província de Buenos Aires e que recentemente apoia movimentos que querem legislar em torno da "educação emocional". Nesse portal, há uma seção chamada "Neurocontos infantis" que oferece adaptações de contos clássicos. Além de serem muito mal escritos e ilustrados, e omitirem referências às fontes e autoria da adaptação e das imagens, eles incluem terminologia pseudomédica e farmacológica como neste fragmento da versão de *Cinderela*:

> Com seu cérebro altamente motivado pela dopamina – um dos transmissores do prazer – o príncipe, assim que acordou, pegou o sapato e foi percorrer todo o reino em busca da garota que o cativara com seu belo sorriso e linda personalidade.[60]

Não por acaso vemos, no mundo editorial e nos âmbitos educativos, o auge das ficções que têm como foco as emoções – em tempos em que as chamadas *fake news* têm crescido exponencialmente no discurso jornalístico – e que priorizam o impacto emocional sobre a constatação da autenticidade das notícias. A chamada "educação emocional" faz parte de um plano sistemático levado a cabo tanto por fundações quanto por planos governamentais em vários países da América Latina para começar, desde cedo, com o controle das formas de sentir e pensar a vida das pessoas. Busca-se produzir subjetividades submissas a partir de discursos que valorizam a competição entre pares e o sucesso individual.

Nem a ficção nem a chamada "não ficção" são quimicamente puras

A preocupação com a "desficcionalização" não supõe um posicionamento defensivo ou um olhar essencialista acerca da ficção, mas, pelo contrário, convida a intensificar a problematização do ficcional tanto na produção quanto nas distintas facetas das mediações.

Uma das formas de fazê-lo em nosso campo é continuar pondo em discussão a tendência maniqueísta de grande parte da literatura infantil de cair em uma dicotomia empobrecedora em relação aos extremos da ficção: o "sonhismo" [*sueñismo*] divagante que Graciela Montes propunha num artigo dos anos 1990,[61] em oposição a um realismo mimético, muitas vezes condescendente com diversos mandatos extraliterários.

O acesso ao conhecimento das diversas convenções das ficções e suas manifestações culturais e históricas encontra-se hoje com grande riqueza de possibilidades no território das publicações dirigidas para o público infantil. A literatura infantil é particularmente receptiva à exploração de hibridizações genéricas e discursivas.

A utilização da noção de "hibridização" como forma de análise de múltiplos cruzamentos, passagens, tráficos entre concepções, teorias, práticas e disciplinas pode ser muito produtiva para complexificar o olhar sobre o objeto e relativizar a tendência binária e maniqueísta que caracteriza muitas perspectivas nesta área de estudos e modos de fazer. Vários pares de categorias muito frequentes em diversas representações sobre a literatura infantil e seu campo de referência dão conta de visões muitas vezes pensadas como antinômicas: o culto e o popular, o literário e o paraliterário, o artístico e o artesanal, o que é de massa e o que é restrito, o canônico e o periférico, o adulto e o infantil etc.

De uma perspectiva cultural, a literatura infantil é híbrida desde os seus primórdios, pois o cruzamento entre o culto e o popular está no substrato das primeiras narrativas que começam a considerar o público infantil como um destinatário com características singulares. Os contos incluídos em *Mamãe Gansa*[62] chegaram a Perrault, artista da corte de Luís XIV, a partir da oralidade que era compartilhada na zona rural da França. Os contos dos Irmãos Grimm também revelam esse processo de intersecção entre o plebeu e o culto em outra geografia europeia.

Se pensarmos no papel fundamental que a ilustração e a dimensão do livro como objeto têm na especificidade da literatura infantil, o cruzamento entre linguagens é outra característica própria do objeto (compartilha-o com a história em quadrinhos, com a qual misturou mais elementos, embora alguns puristas, que a consideram uma arte autônoma, se oponham). Esse cruzamento intersemiótico é a semente da multimidialidade antes que essa perspectiva existisse. O livro-álbum como uma criatura anfíbia que coloca em diálogo linguagens diferentes é uma evidência de que a hibridização é uma enorme fonte de pesquisas experimentais nas linguagens artísticas. Ocorre também com modos de pensar a edição de poesia em que a confluência entre a palavra, a imagem e o *design* impulsiona formas renovadas de comunicar o poético.

Na mistura de gêneros e discursos artísticos e não artísticos, a porosidade da literatura infantil não deixa de se expandir. Propostas que entrecruzam de forma lúdica gêneros e discursos da ciência e da tecnologia com o literário, ou a mistura de discursos provenientes de práticas e atividades não literárias com modos narrativos e poéticos, renovam tradições às vezes cristalizadas. Algumas modalidades do humor e as invenções da patafísica misturam gêneros, criando textos híbridos. Certos livros, entre os chamados informativos, utilizam estratégias próprias da ficção e do jogo, e em vários casos seus desenhos e gráficos são experimentais e surpreendentes tanto ou mais do que alguns livros-álbum potentes. O cruzamento entre o literário e outros sistemas culturais não é novo, embora seja cada vez mais frequentemente objeto de experimentação multimídia que propicia pontes originais entre territórios da arte. Os limites tornam-se difusos e as classificações mais tradicionais são colocadas em questão.

A ficção e seus mecanismos hoje: Desafios para os mediadores e mediadoras

A questão dos limites entre ficção e realidade é um eixo

central de disciplinas artísticas, como a literatura e suas didáticas. É também um tema que envolve a vida e o sonho, a memória e o esquecimento, o jogo e o que está fora do jogo, a imaginação e a razão. Esse questionamento, que tem a ver com a forma como a verdade é considerada em cada caso, sempre foi, é e será político. Em tempos em que é fundamental reverter diversos retrocessos em direitos básicos, torna-se imprescindível que os leitores e leitoras disponham de ferramentas para olhar criticamente como determinados fatores de poder utilizam estratégias cada vez mais sofisticadas para exercer o controle sobre a vida de todas e todos e impor uma verdade única.

Por outro lado, as ficções e seus próprios mecanismos de verossimilhança são uma necessidade vital para pensarmos sobre nós mesmos e sobre o mundo. A ativação dos imaginários transformadores nutre-se em grande medida das ficções que construímos e recebemos como espectadoras, espectadores, leitoras, leitores e ouvintes. A apropriação de saberes sobre o "como" das ficções pode fazer parte de práticas emancipatórias. Saber qual é a matéria dos sonhos, não para apanhá-los, mas para sermos mais livres, é um dos desafios de nossos tempos.

2. Os ruídos do fazer*

> Encontrar a linguagem
> a chave dos mundos
> não para fechar
> mas para abrir.
>
> JUAN LUÍS MARTINEZ, *POEMAS DEL OTRO*

O convite para este encontro veio com a sugestão de relacionar como a escuta do mediador de leituras se configura em práticas concretas com o impacto vital que conduzir tais práticas causa no mediador. A proposta era expandir o conceito de "escuta" trabalhado em *Ouvir nas entrelinhas* e pensá-lo no campo da chamada "promoção da leitura".

---

* Texto baseado na conferência proferida no 2º Encontro de Promotores. Fundação Letra Viva, 24/11/2009, em Bogotá.

Minha primeira sensação foi uma mistura de inquietação e desafio. Decidi, então, me deter sobre as possíveis razões da intranquilidade cognitiva e ideológica que algumas formulações acerca da "promoção da leitura" produzem em mim. A preocupação inicial surgiu a partir da afirmação específica sobre o "impacto vital" que a ação de "promover" a leitura produz naqueles que o fazem. A ideia de "experiência de vida" está muitas vezes vinculada a uma visão autossatisfeita das práticas de "promoção". Isto é, uma autocomplacência com um trabalho que, quando se considera bom de antemão, impede ou descomplexifica a reflexão sobre o papel do "promotor" e de seu fazer nas realidades concretas e em contextos determinados.* A representação do "vital" apenas como aquilo que leva a se sentir bem

---

* Em relação ao questionamento da ideia de leitura e das práticas em torno dela, volto às afirmações de Michel Peroni na introdução às *Histoires de lire: Lectures et parcours biographique* (Paris: BPI, 1995) acerca da "problematização das próprias representações do livro e da leitura, desses pressupostos positivos e normativos que se atribuem à leitura", sobretudo aqueles que se identifica como leitores (no seu caso, refere-se à posição dos sociólogos que se deparam com entrevistas sobre a leitura, mas me permito estendê-lo aos diversos mediadores entre livros e leitores).

(ou não) com o que faz reduz o problema à dimensão individual de uma prática cultural.

Nesse sentido, partir da comunicação dialógica que está presente no ato de escuta em situações de leitura me pareceu uma chave propícia para ressignificar a ideia de "impacto vital" num sentido social. Escutar (no sentido que nos interessa) supõe a existência e a valoração de outros em relação ao próprio fazer.

Penso nessa inquietude inicial como uma porta aberta para refletir sobre uma série, não necessariamente organizada, de desconfortos ou "nós de intranquilidade" derivados de práticas complexas como as denominadas "promoção da leitura", caracterizadas por sua diversidade de atores, de métodos, de contextos e de intenções.

Ver essas práticas não como ideais, mas como reais, complexas e possíveis pode ajudar a considerá-las a partir de sua riqueza para refletir sobre o fazer e seus prováveis "ruídos" numa escuta e autoescuta atentas.

Primeiro nó: Apaixonadamente incômodos

Já que estamos tratando do vital, uma primeira inquietação tem a ver com algumas ênfases que ouço em certos discursos sobre a "promoção", tanto nos *slogans* que encabeçam algumas campanhas, quanto nos relatos sobre práticas ou nas tentativas de definir a própria tarefa. Refiro-me às ênfases que têm a ver com as paixões.

O propósito não é "esfriar" o entusiasmo, indubitavelmente necessário e mobilizador, dessas práticas, mas problematizar discursos que aludem acriticamente a ele. Olhar com estranheza para o que fazemos pode ajudar as paixões a serem mais ricas e duradouras.

A recorrência no uso de palavras viscerais e com um claro componente emocional tais como "contágio", "paixão", "desejo", "alegria", "prazer", "magia" muitas vezes acompanhadas de verbos como "transmitir", "ampliar", "abrir para" etc., leva à questão de qual ideia sobre os leitores está por trás dessa representação calorosa da promoção por parte de muitos que se dedicam a ela. Sem desdenhar o aspecto afetivo como parte necessária dos diálogos culturais, caberia se perguntar se nessas metáforas virais a alusão ao "contágio" não parte de uma visão em que há alguém ou alguns possuidores do "vírus" da leitura que têm como missão transmitir a pessoas até então imaginadas como "imunes" uma espécie de "epidemia" de maior ou menor alcance. Nesses casos, a "promoção" não seria pensada, talvez, como o remédio para uma falta? Como se posicionam aqueles que tiveram a possibilidade simbólica e real de construir e sentir paixão por um objeto cultural diante daqueles que não tiveram ou desejaram essa possibilidade até o momento do surgimento da atividade de "promoção" ou a tiveram apenas parcialmente devido a diferentes condicionamentos de ordem social e cultural e, claro, também de ordem individual?

Por outro lado, como os mediadores ouvem (ou não) as demais paixões ou desejos que os destinatários de suas propostas vivem e que não necessariamente têm a ver com a leitura ou com objetos culturais considerados valiosos pelos discursos hegemônicos ou por aqueles que gostam de ler?

A própria palavra "promoção" é incômoda quando nos fazemos essas perguntas. Parece sugerir a ideia de que se está convidando para um movimento de algo que está quieto. Como se partisse de algo que os leitores não fazem, que está em estado de paralisia, que deve ser sacudido para que se desloque para o lado desejado: o da leitura. Uma visão da leitura por vezes colorida de antemão por algumas nuances que a caracterizam como uma atividade ansiada, em vias de extinção, com um certo toque romântico e, para muitos (ainda que nem tanto nos dias de hoje), prestigiada e prestigiosa. Não havia, porventura, leitura antes da "promoção"? Assim como ninguém entra vazio num texto, as chamadas "práticas de promoção" nunca vão ao encontro de leitores vazios. Se essas práticas forem pensadas desde o início como um elo entre os leitores, talvez seja possível ressignificar a ideia de "promoção" como diálogo de saberes.

Por outro lado, as práticas mostram que nem todos os encontros com a leitura têm matizes idílicos e que, se há um romance com a leitura, não é necessariamente de uma vez por todas. Considerar a ausência de linearidade nas trajetórias de leitura e nos questionarmos quais ideias sobre leitura estão por trás da ideia de progresso unívoco como motor e norte dos encontros com a leitura, faz com que os caminhos da mediação de leituras tenham menos pressão e mais liberdade para pensar em táticas flexíveis que respeitem a diversidade de experiências dos leitores participantes e dos próprios mediadores.*

---

* A esse respeito, também é interessante ler Michel Peroni e a pesquisa que ele relata em *Histoires de lecture. Lectures et parcours biographique*. A experiência de leitura dos entrevistados (presos numa cadeia de Lyon e trabalhadores metalúrgicos em situação de aposentadoria precoce) mostra que diante de determinadas circunstâncias (situações às vezes

Quero voltar à ideia de não subestimar o aspecto emocional nas práticas de mediação, pois em qualquer apropriação pessoal de um objeto cultural algo da ordem da paixão tende a se mover. Paixão que, dependendo de como é vivida ou pensada (aqui cruzo pensamento e paixão), pode aspirar a ser compartilhada como um bem social ou ostentada com traços de narcisismo (o que pode gerar admiração, mas não diálogos democráticos).

Pelo contrário, é interessante parar para olhar essa emoção e nos perguntarmos qual é o lugar imaginado para o outro na prática de leitura que pretendemos que seja atravessada pelo gozo. Alguém que funciona como destinatário de uma atividade de "promoção" se

---

extremas ou extremamente transformadoras de suas vidas) eles encontram tempo e condições para a leitura que antes não tinham (ou não do mesmo modo). Isso não é irreversível, pois quando a situação muda, eles podem novamente passar por situações de afastamento dos livros e da leitura. Uma circunstância de muita leitura de muitos livros não implica necessariamente que a vida toda seja assim (interessante refletir sobre a categoria de "pouco leitores" discutida por Peroni neste livro – e tratada por Joelle Bahloul em *Lectures précaires. Étude sociologique sur les faibles lecteures* (Paris: BPI, 1990) –, categoria que na reflexão sobre "promoção da leitura" está implícita ou explicitamente em jogo).

limita apenas a ser um recipiente da transmissão cultural exercida por um detentor de saberes acerca da leitura e seus significados? Ou essa transmissão desde a origem é um elo em que as culturas de quem age como mediador e de quem atua como participante se põem em contato e dialogam (nem sempre apaixonadamente, às vezes com reticência, desconfiança ou timidez)?*

---

* Em relação à escuta dos outros em interações culturais em que sujeitos sociais diferentes entram em contato, são extremamente interessantes as reflexões de Mirta Gloria Fernández sobre uma experiência relatada em seu livro *¿Dónde está el niño que yo fui? Adolescencia, literatura e inclusión social* (Buenos Aires: Byblos, 2006). No capítulo "Darse de bruces con el Pomberito" [Dar de cara com o Pomberito], ela relata como dois universos díspares se conectam e se põem em tensão: o dos estudantes de Letras que vão fazer seus estágios coordenando oficinas optativas de leitura literária em um instituto para menores judicializados, e o desses adolescentes entre 11 e 15 anos. Ao aparecer nos encontros com os livros e textos levados pelos estagiários (atravessados pela cultura letrada) a lenda do Pomberito [personagem da cultura popular do norte da Argentina) contada pelos meninos presos com uma defesa apaixonada de seu valor de verdade em suas próprias vidas, surge um debate sobre (como diz Férnandez na introdução) "até que ponto essa pugna – que põe à prova a atitude dos letrados para com as culturas populares alheias – sempre determina sentidos para ambos os atores, alguns para aprender a his-

Se a leitura é uma prática que se realiza socialmente, para que ocorra o diálogo, é preciso estar atento às formas particulares pelas quais os leitores entram nos textos e geram diversos tipos de sociabilidade com outros leitores, inclusive os que são conhecidos como "promotores". Quando estes adotam uma postura de alta disponibilidade para o que os leitores trazem, para seus saberes, para seus modos singulares de viver a cultura e construir sentidos nas leituras propostas, o aspecto social da leitura pode se concretizar e deixar de ser apenas uma formulação ou um desejo.

---

tória do Pombero que fuma tabaco e outros por começarem a pedir "aquela do homem que entra no peixe" em alusão a "Axolotl" de Julio Cortázar, ou "aquela em que ela perde o sapato" (referindo-se a *Cinderela*, de Charles Perrault). Ou seja, o que é interessante é como os alunos de Letras se posicionam diante de um conhecimento proveniente da cultura popular que não possuem e como os meninos presos no Instituto se apropriam de manifestações artísticas que não costumam entrar nesses contextos, sobretudo por meio de representações que os estigmatizam. Nesse quadro, as representações (apaixonadas) aparecem em tensão sobre o que é considerado literatura e o que não é, o que é ficção e o que é verdade, ou seja, que estatuto dão os estagiários às crenças ao se discutir seu valor de verdade e qual é a cultura considerada legítima e qual não é.

Segundo nó: Tensão entre o planejado e o acontecimento

Tanto em projetos institucionais quanto em iniciativas independentes da chamada "promoção da leitura" é levada em consideração a filosofia do plano daquilo que vai ser realizado. O que há de preocupante aqui? As reflexões em torno da visão teórica do plano podem ser reveladoras sobre nossas representações sobre a leitura, os leitores e os modos de ler, isto é, sobre nós mesmos e os outros. Daí vem a tensão entre o que pensamos e o que depois acontece na realidade, ainda mais se considerarmos essas práticas como transformadoras de um estado de coisas. Imaginar o que vamos fazer é inevitavelmente atravessado pelo que sabemos e podemos, e por nossa ideologia. Também pela disponibilidade, acessibilidade e qualidade dos textos que serão colocados em jogo. Isso não é menor quando se trata de projetos independentes ou em contextos institucionais que subestimam o tema. Como fazer com que nosso plano (seja um encontro de leitura ou um projeto complexo que englobe várias etapas, táticas e protagonistas) não seja um produto abstrato, padronizado, despersonalizado, alheio à vida, aos protagonistas e às circunstâncias singulares, em que cada proposta tenha seu lugar?

Os planos que supõem de antemão a previsão e o controle de tudo ou quase tudo o que poderia ou deveria acontecer acabam algemando tanto os leitores e as leituras quanto os próprios mediadores que, desse modo, ficam sozinhos com um roteiro automatizado que sentem ter se tornado ruído, um obturador da escuta daquilo que realmente está acontecendo. Muitas dessas previsões, ao não levar em conta a singularidade dos encontros entre os leitores e os textos junto com os achados e imprevistos que surgem graças à socialização das leituras, também podem acabar derivando para a rotina ou a burocratização das atividades. Tais previsões mecânicas geralmente pressupõem conhecimento de fora (na terceira pessoa) e não de dentro (na primeira pessoa, tanto do singular quanto do plural, o eu e o nós). A perspectiva da terceira pessoa às vezes aparece em certos planos como prescritiva, controladora, alheia ao devir concreto, ao acontecimento. Muitas vezes, esse distanciamento tem a ver com o medo de que as leituras e os leitores andem "por conta própria". Outras vezes, tem a ver com a necessidade mais ou menos consciente de fazer valer uma leitura ou um modo de ler considerado previamente como válido.

Em contrapartida, a perspectiva da primeira pessoa, daquela em que alguém, como mediador, se imagina protagonista de um vínculo que se tornará um "nós", permite pensar as práticas como localizadas, falíveis, dialéticas, abertas ao acaso e à surpresa daquilo que os leitores trazem. Se imaginarmos uma leitura possível com outros como uma *situação* (ou seja, uma prática situada), isso significa que não estamos fora dela e que tudo o que fazemos previamente é uma guia aberta para agirmos e para que os outros ajam nessa situação, nunca uma cartilha ditadora de leituras e de sentidos possíveis.

Ficarmos em guarda contra os planejamentos confinadores significa que as atividades de leitura devem ser deixadas à mercê caprichosa das circunstâncias e que todo planejamento ficaria excluído? Pelo contrário, antecipar os encontros pressupõe sempre uma previsão da prática.

Quanto mais previstas forem as propostas de leitura, mais possibilidades o mediador terá de intervir ricamente para que as vozes sejam ouvidas. A detecção do inesperado surge quando abrimos nossos poros para o acontecimento.

A preparação de que falamos assemelha-se à visualização conjectural da imagem do território de chegada que aquele que prepara uma viagem tem e tenta obter mapas para ali poder marcar possíveis rotas. Rotas traçadas ciente de que não existe um caminho único para chegar ao destino e que, além disso, esse destino se constrói com outros.

As cartografias dos encontros são nutridas pelo cruzamento de cada texto singular e uma visão plástica das teorias que podem ser suscitadas para fortalecer a riqueza do encontro de leitura. Falo de teorias em sentido amplo e interdisciplinar, pois a diversidade de propostas de leitura e escrita das práticas de leitura implica o compromisso do mediador de chegar o mais bem preparado possível para os encontros com leitores e textos (daí a importância de propiciar uma formação qualificada e sistemática para aqueles que encaram essa tarefa). Cada texto escolhido tem sua "personalidade", sua chave de entrada diferente das demais. Não há senhas únicas e irreversíveis para entrar em poemas, contos, romances, relatos orais, roteiros cinematográficos, livros de divulgação científica etc. Ademais, cada contexto, cada momento, cada encontro com outros, cada intervenção insuspeita pode lançar luz sobre uma chave que não havíamos olhado ou previsto nos textos escolhidos. Um coletivo de leitores que, por sua experiência de vida, está muito próximo da oralidade, como acontece, por exemplo, em determinados contextos rurais, pode convidar mediadores a privilegiar áreas dos textos ou táticas de leitura e escrita que valorizem a riqueza do oral como fonte da palavra escrita.

Terceiro nó: Mostrar o fazer sem transformá-lo em espetáculo

As ocasiões de tornar visível para os outros aquilo que se faz em relação à leitura costumam ser interessantes para pensar como as instituições e os mediadores negociam e revelam suas representações sobre a leitura.

Em alguns eventos institucionais, às vezes, as formas de comunicar o que foi feito com a leitura evidenciam uma descrença de que há um fazer no ato de ler. Tenta-se forçar a visualização de alguns processos que quem trabalha seriamente em relação à promoção sabe que são mais da ordem do invisível ou do comunicável por caminhos mais sutis, inteligentes e menos pretensiosas do que o espetáculo. Nesses casos, o que predomina é a necessidade de transformar a leitura e seus protagonistas num espetáculo no qual o ato de ler e os leitores ficam desnaturalizados por trás de uma fachada de festa sem substância. Fogos de artifício ao redor da leitura que relegam para um segundo plano os livros, os leitores e as leituras concretas por trás de disfarces e máscaras que, quando se trata de literatura, pretendem aludir a mundos ficcionais, mas que, muitas vezes, permanecem na superfície e mostram uma visão simplificada e banal do universo literário. Ou ainda propostas que configuram o ato de ler como um certame em que os leitores teriam que se esmerar para atingir uma meta na qual importa o quanto se leu num determinado período de tempo e não o quê e como.

Assim como quando falei sobre os desconfortos dos discursos passionais tentei deixar claro que o entusiasmo e a paixão são motores necessários desde que combinados com o pensamento e partam de uma visão democrática dos outros, neste caso me parece importante enfatizar que o alerta sobre transformar a leitura em espetáculo não implica "entristecê-la" ou pensar que se trata de um assunto sério, longe das manifestações de alegria, criatividade e humor.

Em particular, a intersecção da leitura literária e de outros textos com a informação ou a divulgação científica e as contribuições de outras artes (como a fotografia, a ilustração, a narração oral, o teatro, o cinema etc.) ao divulgar e mostrar o que se faz pode ser muito interessante e enriquecedor para as leituras se nessas propostas se destacarem os textos e os modos de ler, em vez de deixá-los de lado ou pensá-los como meros instrumentos para "divertir" leitores, tranquilizar consciências ou ratificar clichês acerca da leitura.

Há múltiplas formas substanciais e profundas de mostrar o fazer quando existe uma forte convicção de que os leitores vêm em primeiro lugar. Recentemente, tive a oportunidade de fazer uma visita à Biblioteca de Santiago do Chile guiada por seu diretor. Trata-se de um projeto realmente focado em valorizar todos os cidadãos como leitores e dar hospitalidade criativa ao seu direito de ser. Uma visita guiada a uma biblioteca pode também ser lida como uma narrativa oral de uma prática de mediação em que, para além do anedótico, o que importa é que visões e ideias estão na base das decisões e fatos que são mostrados. Nesse sentido, a reflexão que desencadeou a visita foi especialmente significativa para mim. O ponto de partida é que os livros, os materiais e a infraestrutura não são o principal, mas o que importa são as pessoas; então, porque os leitores são importantes, livros, materiais e infraestrutura são importantes. Essa declaração de princípios na qual a ênfase e o compromisso são colocados nos sujeitos e em que os objetos são valorizados na medida em que servem os interesses e as necessidades culturais das pessoas, pôde ser posteriormente verificada em cada etapa do relato e a comprovação *in situ* das diversas decisões de gestão. Por exemplo, no que diz respeito ao projeto do edifício e do mobiliário, imaginados dinamicamente a partir da ideia de leitores diversos e necessidades em constante mudança. Ou em relação às políticas de gestão nas quais os responsáveis participam periodicamente das atividades rotativas pelos diferentes setores da biblioteca e se encarregam das responsabilidades correspondentes com a convicção de que para administrar é preciso participar ativamente daquilo que se administra e não olhar isso de cima.

Quarto nó: Como narrar e comunicar as práticas de promoção de forma que a conceitualização e a problematização sobre o próprio fazer apareçam?

A narração de experiências num espaço de intercâmbio com colegas, como pode ser este que partilhamos, supõe encontrar as palavras e os gêneros que permitam conceitualizar sobre as singularidades, descobertas e dificuldades que toda prática implica. Ao escapar das generalizações que por vezes encapsulam, congelam o fazer e lhe dão um tom sempre igual a si mesmo que evita a reflexão e a memória narrada do trabalho cotidiano volta o próprio olhar e o dos outros para ações e momentos que, ainda que pequenos ou fugazes, não deixam de ser importantes para reconhecer qual é a marca ideológica sobre a leitura e os leitores que subjaz a cada proposta. Por outro lado, o exercício de narrar a própria prática e compartilhá-la com os outros é uma maneira de valorizar a experiências enriquecedoras que muitas vezes se perdem por não se conseguir comunicá-las devido à vertigem das tarefas cotidianas ou porque são raros os espaços de intercâmbio sistemático ou para a publicação de experiências

Há dois anos tive a oportunidade de participar como assessora externa de um Simpósio de Promotores de Leitura organizado pela BiblioRed e pela Asolectura. Na ocasião, a preocupação sobre como fortalecer a escuta entre os próprios "promotores" na hora de relatar de forma reflexiva suas práticas era uma das questões vislumbradas no encontro como um desejo de muitos deles.

Parece-me interessante trazer à tona a voz de um dos participantes do referido encontro, Pacho, "promotor" da Biblioteca Ciudad Roma em Bogotá, que, ao tentar pensar sobre seu trabalho, dizia que "alguém em sua atividade tem sua própria *sequência de fazer*". Nessa interessante tentativa de definição, percebeu-se a preocupação em dar corpo à singularidade de saberes que cada "promotor" põe em jogo ao levar adiante suas práticas. Desconstruir e reconstruir essas "sequências de fazer" para si e para os outros implica um esforço de narrar aos outros as microdecisões que são tomadas nas propostas de mediação.

Graças à programação de visitas para atividades de "promoção" em algumas bibliotecas da BiblioRed, tive a oportunidade de visitar a biblioteca Ciudad Roma e conhecer de perto algumas formas de Pacho levar adiante sua prática. No Clube de Leitores, que coordena com crianças pequenas de diversas faixas etárias, ele põe em ação o que chama de "cavalinhos de batalha", ou seja, aqueles textos testados por ele ou que tenham funcionado de maneira interessante para outros colegas. Não se trata de textos complacentes com os leitores. Em vez de apelar para o suposto sucesso de propostas levianas que capturam o interesse, mas não desafiam, ele opta por textos que interpelam os leitores por ir além dos limites, de uma forma ou de outra, daquilo que é conhecido ou tranquilizante.

Lembro-me de uma cena em que Pacho lê um novo capítulo de um romance de Roald Dahl com crianças leitoras que se apropriam do espaço do Clube e da biblioteca pública com total desenvoltura. Um modo de pensar a leitura em que a construção de sentidos é um assunto ao mesmo tempo pessoal e coletivo. Para isso, o promotor apela para a leitura interrompida como a forma mais eficaz de dar destaque às vozes daquelas crianças que manifestam em voz alta as ligações entre as palavras do texto e as suas próprias associações e saberes de vida. Pacho presta um ouvido atento e amistoso a cada uma dessas intervenções nutridas pelo imaginário vital de cada criança que se comoveu com o romance e vai entremeando-as com momentos interessantes do texto que ele conhece bem, do qual extrai sumo para todas as possibilidades de intercâmbio e construção de conhecimentos literários. Aqui é interessante destacar como a ordem do conhecimento é colocada em jogo no ambiente não escolar por outras vias e por caminhos que se diferenciam, mas, ao mesmo tempo, têm alguns pontos de contato com o ensino tal como se dá na escola.

A narração das "sequências do fazer" neste caso torna visíveis os saberes que um mediador tem acerca dos textos (por exemplo, as decisões sobre a sua seleção e sobre os modos de intervir nas conversas sobre o que se lê), sobre os leitores e no contexto que se põe em jogo numa cena de leitura.

No âmbito da reconstrução reflexiva das decisões da prática, também é interessante, ao narrar as experiências de mediação, entender como os sentidos acerca da leitura e dos leitores são negociados quando há, entre os mediadores e aqueles que dirigem as instituições, diversidade ideológica ou conceitual sobre os sentidos da leitura e das representações sobre leitores.

A visão sobre os resultados e tempos em relação aos "efeitos" da leitura pode ser reveladora de uma demanda de eficácia que algumas instituições colocam nos métodos e na forma como se avalia e se dá conta do fato. Na escola, o peso das visões "eficientificistas" é especialmente sofrido pelos docentes que sentem "que não conseguem" cumprir os programas e os objetivos requeridos se se dedicarem à leitura, tendo em conta outras temporalidades e modos que os leitores e os textos propõem. A discussão sobre quais são os caminhos didáticos mais interessantes em relação à leitura que evitem um olhar deficitário sobre os leitores torna-se necessária para que aqueles que dirigem instituições e os docentes não olhem e atuem em lados opostos. Discussão que convida a considerar, entre outros aspectos, novos modos de reorganizar o trabalho e os tempos escolares, e formas renovadas de propor a avaliação, em particular as abordagens qualitativas que atendam à singularidade e às possibilidades de cada leitor.

Isso também ocorre em algumas instituições não escolares dedicadas à mediação que exigem que os mediadores entreguem resultados a partir dos quais esses organismos possam mostrar cifras e coberturas. No entanto, esses dados nem sempre atendem à diversidade de estilos e formas de práticas de mediação; estilos e formas que, muitas vezes, têm a ver com a contribuição peculiar de cada mediador, mas também com as idiossincrasias de contextos diversos nos quais as práticas ocorrem e com leitores que nunca são os mesmos. A flexibilidade e a sensibilidade para medir e mostrar o que ocorre com as leituras e os leitores em experiências de mediação não é apenas um problema de métodos de organização, sem dúvida necessários para gerir ações que garantam os direitos culturais dos cidadãos, mas fundamentalmente é uma questão de onde está o olhar político para com essas ações e seu enquadramento sociocultural.

Outro dos aspectos em que aparecem dissonâncias ao considerar os leitores como sujeitos das práticas de mediação é aquele que tem a ver com a ideia de "interesse". "Levar em conta o interesse das crianças e dos jovens" é um discurso amplamente instalado tanto em contextos escolares como em experiências fora da escola. Uma afirmação com aparência democrática, mas que, quando vista mais como teto do que como piso, por exemplo, na hora de escolher textos e propostas, pode levar a reduzir horizontes, reproduzir e reforçar o que já existe e não ampliar ou desafiar os limites daquilo que é conhecido e vivido.

Uma experiência relatada por Luis, um mediador de leitura que trabalha em uma rede de centros comunitários surgidos a partir de ocupações no sul dos subúrbios da província de Buenos Aires, é muito reveladora da forma como essas visões operam também entre participantes de propostas populares. Muitos dos que ali trabalham são militantes sociais que vêm de experiências em comunidades eclesiais de base ligadas à "teologia da libertação". No campo educacional, seguem as linhas da educação popular e as ideias de Paulo Freire, e neste âmbito abriram há cinco anos centros de dia para adolescentes onde equipes de docentes propõem uma experiência educativa baseada na arte que tende à participação real e protagonismo dos jovens. No relato de Luis, que propõe a criação de uma biblioteca como espaço de leitura e escrita com adolescentes, é possível ver como essa ideia de "interesse" pode ser ocasião de debate entre aqueles que levam adiante essas experiências sociais. Embora haja uma visão comum em linhas gerais nos modos políticos de intervir, quando se trata de pensar a leitura, aparecem preconceitos muito arraigados em alguns. Ouçamos as reflexões do próprio Luis:

> Quando comecei com o espaço de leitura em um dos assentamentos chamado Santa Inés, houve, por parte dos integrantes da rede, alguns comichões: se a atividade era ou não uma "proposta dos adolescentes", se ela partia do "interesse real deles", se era um "fechamento do dia", "uma sobremesa"... Muitas dúvidas, muitos preconceitos, além de nenhuma ajuda e muito boicote (e isso de amigos e colegas, que sempre primavam pelas "boas intenções"). A leitura era vista como alheia, pouco popular, típica de outras classes. Nada artístico-literário poderia ser para desfrute ou formação "desses meninos". Para eles, então, "batuque e grafites" [*murga y murales*], ou a ideia de que "não têm experiência prévia para se inspirar". No início, também havia uma forte resistência por parte dos adolescen-

tes que não queriam que o espaço fosse "escolarizado". A discussão foi árdua, havia resistência nas equipes ao que "vem de fora", os livros sentidos como estrangeiros, "importados", e isso parecia implicar o risco de ameaçar a "autorreferência" tão predominante nos trabalhos em grupo: assembleias, grupos de "reflexão" (boa palavra para explicar o permanente retorno sobre si de alguns espaços que nem sempre produzem pensamento e por vezes se tornam muito narcisistas, sem saídas criativas). Com o tempo e a prática concreta foram-se descontraindo, vendo e desmistificando, se divertindo, surpreendendo-se com os gostos e paixões manifestados. Estamos trabalhando nisso... Também foi preciso argumentar (e depois demonstrar) que ler histórias de mundos muito distantes e alheios, nada próximos, muitas vezes funcionava muito mais (e mais profundamente, com novas perspectivas) do que os próprios contextos e as próprias situações problemáticas... Inclusive o uso da viagem iniciática, dos périplos heroicos... muito inspiradores!

No relato de Luis, aparecem muitas ideias interessantes que dão conta da complexidade de como uns e outros pensam sobre o suposto "interesse" dos jovens. Sob a premissa daquilo que interessa a "esses meninos" vislumbra-se uma tensão entre as ideias de "alta" ou "baixa" cultura que, quando vistas de forma dogmática e preconceituosa, acabam por provocar a exclusão dos leitores de múltiplas experiências. Luis, em sua prática, demonstra como é possível desafiar estes preconceitos apelando a textos repulsivos e potentes escolhidos a partir da confiança na capacidade de todos os leitores.

Quinto nó: Tensões e cruzamentos entre "promoção" e educação em contextos escolares e em contextos fora da escola

Ao narrar a cena de leitura de Pacho com os meninos da biblioteca pública de Ciudad Roma, comentei como aparecia a transmissão de saberes sobre a literatura num contexto não escolar por parte do "promotor". Sem dúvida, como costuma acontecer nas práticas de mediação "fora da escola", ali o "ensino" não estava em jogo como missão do encontro e havia um grande cuidado para que os aspectos mais opressivos ou distorcidos do caráter escolar não fossem filtrados para não para afugentar os leitores. No entanto, é inegável que muito da ordem do conhecimento e dos modos de transmissão da cultura é posto em jogo em qualquer prática de mediação de leitura. Por isso torna-se necessário (reafirmo o que dizia antes) que os mediadores possam chegar bem preparados aos encontros com os leitores. Sua formação não deveria ficar sujeita aos eventuais talentos, possibilidades ou boa vontade dos mediadores, mas deveria fazer parte de propostas sistemáticas e qualificadas por parte de instituições que considerem a mediação como um conjunto de saberes e práticas que merece um olhar aprofundado e multidisciplinar, bem ancorados no que se passa no terreno e com um perfil transformador e socialmente comprometido com os contextos em que trabalham e com os destinatários.

A preocupação em "desescolarizar" as práticas de mediação aparece tanto nas falas de mediadores que atuam em contextos não escolares quanto de alguns professores e bibliotecários que tentam encontrar caminhos diferenciados nos modos de ler na escola.*

---

* Escrevi sobre a ideia de "desescolarização" das práticas de leitura no contexto escolar em "¿Qué tiene que ver la promoción de la lectura con la escuela?", *Revista Imaginaria*, n. 259, 10/11/2009. Disponível em: <tinyurl.com/yc7j8pas> (Acesso: 20 fev. 2023).

Ambos os casos têm em comum uma representação do "escolar" baseada nas experiências mais frustrantes da escola que advêm de didáticas academicistas, bancárias, autoritárias e, muitas vezes, elitistas e excludentes, embora geralmente costumem estar mascaradas num discurso supostamente homogeneizador.

Nos espaços não escolares, tudo aquilo que soe "escolar", nos sentidos que acabo de descrever, é visto pelos mediadores como um sinal de alarme. Como sabemos, muitas resistências ao encontro com a leitura em situações de mediação advêm da sensação de fracasso acarretada por uma experiência escolar ruim.*

---

* É possível ler um relato dessa resistência no recente livro de Michèle Petit, *A arte de ler ou como resistir à adversidade*, publicado [no Brasil] pela Editora 34 (São Paulo, 2009): "Quando as animadoras de *A Cor da Letra* chegaram nas favelas e começaram a tirar livros da mochila, muitos jovens se decepcionaram ou ficaram desconfiados. Tais objetos eram desprovidos de sentido; esses jovens só tinham conhecido a leitura na escola, o que não lhes trazia boas lembranças: 'A escola foi uma experiência sem valor', comenta Val, 'a leitura era obrigatória, imposta, aprendi apenas a memorizar os textos, o ato de ler não tinha nenhum sentido, eu só decifrava símbolos. Assim, logo anestesiei a criatividade, a possibilidade e a capacidade de descobrir. Durante vários anos, era como a Bela Adormecida, não distinguia nada, não ouvia,

O perigo de visões negativas e simplificadoras da escola, além de tirar sentidos de sua missão e provocar discursos hipercríticos, apocalípticos e desestabilizadores daquilo que ali se faz (o que reforça algumas ideias em que os docentes quase sempre aparecem como culpados de tudo o que é classificado como fracasso) pode levar a gerar oposições estéreis entre os

---

nem dizia nada'". Como pudemos perceber, essa resistência dos leitores aparece também no relato de Luis sobre os meninos do assentamento.

De qualquer forma, para evitar o perigo de generalizar sobre essas visões negativas da escola e da leitura por parte dos jovens, me parece interessante trazer outra experiência relatada no livro de M. G. Fernández que mencionei anteriormente. Num registro de estágio, um estagiário conta sua primeira aproximação com um grupo de meninos do instituto de menores com o qual faria uma oficina de leitura literária: ele destaca como a atividade que tinha sido pensada como um disparador fora "frustrada" porque os meninos (segundo suas palavras com "problemas de dispersão", juízo de valor que os deixa fora de seu interesse óbvio como leitores) queriam ver a todo custo que livros eles traziam nas mochilas abarrotadas. A possibilidade de ver aquela avidez estava bloqueada por representações preconceituosas sobre os meninos e a pouca flexibilidade para mudar o rumo de uma atividade que, da forma como estava planejada, não deixava brechas para o acontecimento" (p. 68).

modos de ler na escola e aqueles que ocorrem em experiências fora dela.

Em vez de estigmatizar o escolar ou propor uma ruptura entre ler e escrever nela e fora dela, é mais produtivo pensar nos vasos comunicantes entre os mais democráticos e interessantes paradigmas didáticos de transmissão do conhecimento (que sempre têm a ver com o modo como os professores criam reflexivamente suas "sequências de fazer"), a cultura e as contribuições das práticas não formais que ocorrem em distintos contextos com métodos e destinatários diversos.

Ainda que os nós reflexivos, que a princípio chamei de "de intranquilidade", cheguem a esse ponto momentaneamente, o caminho permanece aberto para pensar com outros de um lugar estranho sobre as próprias práticas. Transitar pelo desconforto é sinal de que o ideal dá lugar ao possível.

(...)
talvez sem o saber
não somos senão as sílabas
das palavras que começamos
mas ninguém tem a frase toda
o sentido é somente fragmentos

de sentido que somos o que
falta
para fazer a frase é no
outro o outro o outro[63]

Notas bibliográficas

1. LEVERTOV, D. O segredo. In: *Singularidade – poesia, etc.* [07/03/2017]. (Tradução de Carlito Azevedo). Disponível em: <tinyurl.com/2s4kwsed> (Acesso: 27 jul. 2022)

2. EGAN, K. *La imaginación en la enseñanza y el aprendizaje.* Buenos Aires: Amorrortú. 1999.

3. MUELLER, L. Things. In: *Alive Together: New and Selected Poems.* Louisiana: Louisiana State University Press, 1996.

4. RODARI, G. *Gramática da fantasia: Uma introdução à arte de inventar histórias* (Tradução de Antonio Negrini). São Paulo: Summus Editorial, 2021.

5. VYGOTSKY, L. *Imaginação e criatividade na infância* (Tradução de João Pedro Fróis). São Paulo: WMF Martins Fontes, 2014, edição eletrônica.

6. ALVARADO, M. *Escritura e invención en la escuela.* Buenos Aires: Fondo de Cultura Económica, 2014.

7. SZYMBORSKA, W. Desatenção. [Tradução (inédita) de Regina Przybycien]. In: *Elyra – Revista da Rede Internacional Lyracompoetics* [09/06/2017]. Disponível em: <tinyurl.com/3c3aree8> (Acesso: 13 out. 2022).

8. LIMA, J. *Botánica poética.* Buenos Aires: Calibroscopio, 2015.

9. SCHUFF, N.; PICYK, P. *Assim fica demonstrado* (Tradução de Luzia Pivetta). Blumenal: Gato Leitor, 2022.

10. PESCETTI, L. M.; O'KIF. *Caperucita roja (tal como se la contaron a Jorge).* Buenos Aires, Alfaguara, 1998.

11. VYGOTSKY, L. Op. cit.

12. LE BRETON, D. *Du silence*. Paris: Métaliés, 1997, arquivo digital.

13. BAKHTIN, M. *Yo también soy (fragmentos sobre el otro)*. México: Editorial Taurus, 2000.

14. JEAN, G. *Los senderos de la imaginación infantil*. México: Fondo de Cultura Económico, 1990.

15. JUARROZ, R. *Da nona poesia vertical*, op. cit.

16. ALVARADO, M. *Escritura e invención en la escuela*, op. cit., tradução nossa.

17. JOHSON, M.; LAKOFF, G. *Metáforas da vida cotidiana*. Campinas: Mercado de Letras, 2002.

18. SCHEINES, G. *Juegos inocentes, juegos terribles*. Buenos Aires: Editorial Eudeba, 1998.

19. SENDAK, M. *Onde vivem os monstros* (Tradução de Heloisa Jahn). São Paulo: Cosac Naify, 2014.

20. VAN ALLSBURG, C. *Jumanji* (Tradução de Érico Assis). Rio de Janeiro: Darkside, 2019.

21. ORAM, H.; KITAMURA, S. *No sótão* (Tradução de José Luís Luna). Rio de Janeiro: Pequena Zahar, 2017.

22. GENETTE, G. *Métalepse: De la figure à la fiction*. Paris: Seuil, 2004, p. 8, tradução nossa. No original: "Une figure est (déjà) une petite fiction, en ce double sens qu'elle tient généralement en peu de mots, voire en un seul, et que son caractère fictionnel est en quelque sorte atténué par l'exiguïté de son véhicule et, souvent, par la fréquence de son emploi, qui empêchent de percevoir la hardiesse de son motif sémantique: seuls l'usage et la convention nous font accepter comme banale une métaphore comme 'déclarer sa flamme',

une métonymie comme 'boire un verre', ou une hyperbole comme 'mort de rire'. La figure est un embryon, ou, si l'on préfère, une esquisse de fiction".

23. ISOL. *Vida de perros*. Colômbia: Fondo de Cultura Económica, 1997.

24. ISOL. *El globo*. Colômbia: Fondo de Cultura Económica, 2017.

25. ISOL. *La bella Griselda*. Colômbia: Fondo de Cultura Económica, 2011.

26. PATACRUA; SOLCHAGA, J. *La princesa de Trujillo*. Pontevedra: OQO Editora, 2016.

27. ORAM, H.; KITAMURA, S. *Fernando furioso*. Caracas: Ekaré, 2002.

28. Ibid.

29. SZYMBORSKA, W. *Instantes*. España: Igitur, 2004. Tradução para o português de Eneida Favre. Disponível em: <tinyurl.com/y2bqlr6r> (Acesso 6 nov. 2020).

30. MARTÍNEZ, J. *Observaciones relacionadas con la exuberante actividad de la "confabulación fonética" o "lenguaje de los pájaros" en las obras de J. P. Brisset, R. Roussel, M. Duchamp y otros*. Disponível em <tinyurl.com/3zssu6zh>: (Acesso: 13 out. 2022).

31. LE BRETON, D. *Du silence*. Paris: Metaillé, 2015.

32. PARDO SALGADO, M. C. *La escucha oblicua: una invitación a John Cage*. Valencia: Editorial Universitat Politècnica de València, 2001, arquivo digital.

33. SCHMIDT, A. *Cuando por...*, poema inédito. Disponível em: <tinyurl.com/yc3ja5pw> (Acesso: 16 set. 2023).

34. BAKHTIN, M. Op. cit.

35. SZYMBORSKA, W. *Desatenção* (Tradução de Regina Przy-

bycien). Disponível em: <tinyurl.com/4bkyjs32> (Acesso: 18 fev. 2023).

36. PARDO SALGADO, M. C. Op. cit.; ver também PARDO SALGADO, Carmen. *Las formas del silencio*. Adamar. *Revista de creación*, n. 40. Disponível em: <tinyurl.com/3fpj2w68> (Acesso: 18 fev. 2023).

37. CAGE, J. Conferência sobre o nada. In: CAGE, J.; MAROVATTO, M. (org.). *Silêncio – Conferências e escritos de John Cage* (Tradução de Beatriz Bastos e Ismar Tirelli). Rio de Janeiro: Cobogó, 2019.

38. CAGE, J. Indeterminacy. In: *Silence – Lectures and Writings*. New England: Wesleyan Paperback, 1973. No original: "In Zen they say: If something is boring after two minutes, try it for four. If still boring, try it for eight, sixteen, thirty-two, and so on. Eventually one discovers that it's not boring at all but very interesting".

39. LEE, S. *Onda*. São Paulo: Companhia das Letrinhas, 2017.

40. PAVESE, C. *Diálogos com Leuco* [Coleção Prosa do Mundo] (Tradução de Nilson Moulin). São Paulo: Cosac Naify, 2011.

41. BAJOUR, C. *Ouvir nas entrelinhas: O valor da escuta nas práticas de leitura* (Tradução de Alexandre Morales). São Paulo: Pulo do Gato, 2012, p. 26-27.

42. LISPECTOR, C. Dá-me tua mão. In: *A paixão segundo GH*. Rio de Janeiro: Nova Fronteira, 1979, p. 94.

43. LE BRETON, D. Op. cit.

44. LE BRETON, Op. cit., p. 14, tradução nossa.

45. LE BRETON, Op. cit., p. 7, tradução nossa.

46. WOLF, E. *Historias a Fernández* (ilustrações de Jorge Sanzol). Buenos Aires: Sudamericana, 1994.

47. MURENA, Héctor A. La metáfora y lo sagrado. In: *Visiones de Babel (Introdução e seleção de Guillermo Piro)*. México: Editorial Fondo de Cultura Económica, 2002.

48. ANDRUETTO, M. T. *Stefano* (Tradução de Marina Colasanti). São Paulo: Global, 2014.

49. ANDRUETTO, M. T. *Veladuras*. Buenos Aires: Grupo Editorial Norma, 2005.

50. ANDRUETTO, M. T. *Lengua madre.* Buenos Aires: Editorial Mondadori, 2010.

51. PIGLIA, R. Teses sobre o conto. In: *Formas breves* (Tradução de João Marcos Mariani de Macedo). São Paulo: Companhia das Letras, 2004, p. 86-94.

52. LODGE, D. *A arte da ficção* (Tradução de Guilherme da Silva Braga). Porto Alegre: L&PM Pocket, 2009, p. 81.

53. PAZ, O. *Los privilegios de la vista 1: Arte moderno universal.* México: Editorial, Fondo de Cultura Económica, 1993.

54. SCIESZKA, J.; SMITH, L. *A verdadeira história dos Três Porquinhos!* (Tradução de Pedro Maia Soares). São Paulo: Companhia das Letrinhas, 1993.

55. SAER, J. J. *O conceito de ficção* (Tradução de Lucas Lazzaretti). Rio de Janeiro: 7Letras, 2022.

56. TOURNIER, M. Faut-il écrire pour les enfants ? In: *Le Courrier de l'Unesco – L'enfant dans le texte.* Paris: UNESCO, 1982, p. 34.

57. BARTHES, R. O efeito de real. In: BARTHES, R. et al. *Literatura e Semiologia.* Petrópolis: Vozes, 1971, pp. 35-44.

58. KOHAN, M. *Sobre uma nota de Vargas Llosa* [03/04/2018], Eterna Cadencia, disponível em: <tinyurl.com/2uhyrzb6> (Acesso: 19 fev. 2023).

59. MACHADO, A. M. *O menino que espiava pra dentro*. 2ª ed. São Paulo: Global, 2008.

60 Ver <tinyurl.com/y27vk3jt> (Acesso: 03 out. 2023).

61. MONTES, G. Realidad y fantasía o cómo se construye el corral de la infancia. In: *El corral de la infancia*. México, DF: Fondo de Cultura Económica, 2002.

62. PERRAULT, C. *Contos da Mamãe Gansa ou histórias do tempo antigo* (Tradução de Leonardo Fróes). São Paulo: Cosac Naify, 2015.

63 MESCHONNIC, H. *L'obscur travaille*. Paris: Arfuyen, 2001.

Bibliografia

ALVARADO, Maite. *Escritura e invención en la escuela*. Buenos Aires: Fondo de Cultura Económica, 2014.

ANDRUETTO, María Teresa. *Lengua madre*. Buenos Aires: Editorial Mondadori, 2010.

ANDRUETTO, María Teresa. *Stefano* (Tradução de Marina Colasanti). São Paulo: Global, 2014.

ANDRUETTO, María Teresa. *Veladuras*. Buenos Aires: Grupo Editorial Norma, 2005.

BAHLOUL, Joelle. *Lectures précaires*. Étude sociologique sur les faibles lectures. Paris: BPI, 1990.

BAJOUR, C. ¿Qué tiene que ver la promoción de la lectura con la escuela?, *Revista Imaginaria*, n. 259, 10/11/2009. Disponível em: <tinyurl.com/yc7j8pas> (Acesso: 20 fev. 2023).

BAJOUR, Cecilia. *Ouvir nas entrelinhas: O valor da escuta nas práticas de leitura* (Tradução de Alexandre Morales). São Paulo: Pulo do Gato, 2012, p. 26-27.

BAKHTIN, Mikhail. *Yo también soy (fragmentos sobre el otro)*. México: Editorial Taurus, 2000.

BARTHES, Roland. O efeito de real. In: BARTHES, R. *et al*. *Literatura e Semiologia*. Petrópolis: Vozes, 1971, pp. 35-44.

CAGE, John. Conferência sobre o nada. In: CAGE, John; MAROVATTO, Mariano. (org.). *Silêncio – Conferências e escritos de John Cage* (Tradução de Beatriz Bastos e Ismar Tirelli). Rio de Janeiro: Cobogó, 2019.

CAGE, John. Indeterminacy. In: *Silence – Lectures and Writings*. New England: Wesleyan Paperback, 1973.

EGAN, Kieran. *La imaginación en la enseñanza y el aprendizaje*. Buenos Aires: Amorrortú. 1999.

FERNÁNDEZ, Mirta. *¿Dónde está el niño que yo fui? Adolescencia, literatura e inclusión social*. Buenos Aires: Byblos, 2006.

GENETTE, Gérard. *Métalepse: De la figure à la fiction*. Paris: Seuil, 2004.

ISOL. *El globo*. Colômbia: Fondo de Cultura Económica, 2017.

ISOL. *La bella Griselda*. Colômbia: Fondo de Cultura Económica, 2011.

ISOL. *Vida de perros*. Colômbia: Fondo de Cultura Económica, 1997.

JEAN, Georges. Los senderos de la imaginación infantil. Mexico: Fondo de Cultura Economico, 1990.

JOHSON, Mark; LAKOFF, George. *Metáforas da vida cotidiana*. Campinas: Mercado de Letras, 2002.

JUARROZ, Roberto. El silencio que queda entre dos palabras. In: *Poesía vertical. Antología esencial*. Buenos Aires: Emecé Editores, 2001.

KOHAN, Martín. Sobre uma nota de Vargas Llosa [03/04/2018], *Eterna Cadencia*, disponível em: <tinyurl.com/2uhyrzb6> (Acesso: 19 fev. 2023).

LE BRETON, David. *Du silence*. Paris: Metaillé, 2015.

LEE, Suzy. *Onda*. São Paulo: Companhia das Letrinhas, 2017.

LEVERTOV, Denise. O segredo. In: *Singularidade – poesia, etc.* [07/03/2017]. Tradução de Carlito Azevedo. Disponível em: <tinyurl.com/2s4kwsed> (Acesso: 27 jul. 2022)

LIMA, Juan. *Botánica poética*. Buenos Aires: Calibroscopio, 2015.

LISPECTOR, Clarice. Dá-me tua mão. In: *A paixão segundo GH*. Rio de Janeiro: Nova Fronteira, 1979.

LODGE, David. *A arte da ficção* (Tradução de Guilherme da Silva Braga). Porto Alegre: L&PM Pocket, 2009.

MACHADO, Ana Maria. *O menino que espiava pra dentro*. 2ª ed. São Paulo: Global, 2008.

MARTÍNEZ, Juan Luis. Observaciones relacionadas con la exuberante actividad de la "confabulación fonética" o "lenguaje de los pájaros" en las obras de J. P. Brisset, R. Roussel, M. Duchamp y otros. Disponível em <tinyurl.com/3zssu6zh>: (Acesso: 13 out. 2022).

MARTÍNEZ, Juan Luís. *Poemas del otro*. Santiago: Ediciones Universidad Diego Portales, 2006.

MESCHONNIC, Henri. *L'obscur travaille*. Paris: Arfuyen, 2001.

MONTES, Graciela. Realidad y fantasía o cómo se construye el corral de la infancia. In: *El corral de la infancia*. México, DF: Fondo de Cultura Económica, 2002.

MUELLER, Lisel. Things. In: *Alive Together: New and Selected Poems*. Louisiana: Louisiana State University Press, 1996.

MURENA, Héctor A. La metáfora y lo sagrado. In: *Visiones de Babel* (Introdução e seleção de Guillermo Piro). México: Editorial Fondo de Cultura Económica, 2002.

ORAM, Hiawyn; KITAMURA, Satoshi. *Fernando furioso*. Caracas: Ekaré, 2002.

ORAM, Hiawyn; KITAMURA, Satoshi. *No sótão* (Tradução de José Luís Luna). Rio de Janeiro: Pequena Zahar, 2017.

PARDO SALGADO, María Carmen. *La escucha oblicua: una invitación a John Cage*. Valencia: Editorial Universitat Politècnica de València, 2001, arquivo digital.

FERNÁNDEZ, Mirta. ¿Dónde está el niño que yo fui? Adolescencia, literatura e inclusión social. Buenos Aires: Byblos, 2006.

PATACRUA; SOLCHAGA, Javier. *La princesa de Trujillo*. Pontevedra: OQO Editora, 2016.

PAVESE, Cesare. *Diálogos com Leuco* [Coleção Prosa do Mundo] (Tradução de Nilson Moulin). São Paulo: Cosac Naify, 2011.

PAZ, Octavio. *Los privilegios de la vista I: Arte moderno universal*. México: Editorial, Fondo de Cultura Económica, 1993.

PERONI, Michel. *Histoires de lire: lectures et parcours biographique*. Paris: BPI, 1995.

PERRAULT, Charles. *Contos da Mamãe Gansa ou histórias do tempo antigo* (Tradução de Leonardo Fróes). São Paulo: Cosac Naify, 2015.

PESCETTI, Luis María; O'KIF. *Caperucita roja (tal como se la contaron a Jorge)*. Buenos Aires, Alfaguara, 1998.

PETIT, Michèle. *A arte de ler ou como resistir à adversidade*. São Paulo: Editora 34, 2009.

PIGLIA, Ricardo. Teses sobre o conto. In: *Formas breves* (Tradução de João Marcos Mariani de Macedo). São Paulo: Companhia das Letras, 2004, p. 86-94.

RODARI, Gianni. *Gramática da fantasia: Uma introdução à arte de inventar histórias* (Tradução de Antonio Negrini). São Paulo: Summus Editorial, 2021.

SAER, Juan José. *O conceito de ficção* (Tradução de Lucas Lazzaretti). Rio de Janeiro: 7Letras, 2022.

SCHEINES, Graciela. *Juegos inocentes, juegos terribles*. Buenos Aires: Editorial Eudeba, 1998.

SCHMIDT, Alejandro. Cuando por..., poema inédito. Disponível em: <tinyurl.com/yc3ja5pw> (Acesso: 16 set. 2023).

SCHUFF, Nicolás; PICYK, Pablo. *Assim fica demonstrado* (Tradução de Luzia Pivetta). Blumenal: Gato Leitor, 2022.

SCIESZKA, Jon; SMITH, Lane. *A verdadeira história dos Três Porquinhos!* (Tradução de Pedro Maia Soares). São Paulo: Companhia das Letrinhas, 1993.

SENDAK, Maurice. *Onde vivem os monstros.* (Tradução de Heloisa Jahn). São Paulo: Cosac Naifyy, 2014.

SONTAG, Susan. A estética do silêncio. In: *A vontade radical: Estilos.* (Tradução de João Roberto Martins Filho). São Paulo: Companhia das Letras, 1987.

SZYMBORSKA, Wislawa. Desatenção. [Tradução (inédita) de Regina Przybycien]. In: *Elyra – Revista da Rede Internacional Lyracompoetics* [09/06/2017]. Disponível em: <tinyurl.com/3c3aree8> (Acesso: 13 out. 2022).

SZYMBORSKA, Wislawa. *Instantes.* España: Igitur, 2004. (Tradução de Eneida Favre). Disponível em: <tinyurl.com/y2bqlr6r> (Acesso 06 nov. 2020).

TOURNIER, Michel. Faut-il écrire pour les enfants ? In: *Le Courrier de l'Unesco – L'enfant dans le texte.* Paris: UNESCO, 1982, p. 34.

VAN ALLSBURG, Chris. *Jumanji* (Tradução de Érico Assis). Rio de Janeiro: Darkside, 2019.

VYGOTSKY, Lev. *Imaginação e criatividade na infância* (Tradução de João Pedro Fróis). São Paulo: WMF Martins Fontes, 2014, edição eletrônica.

WOLF, Ema. *Historias a Fernández* (ilustrações de Jorge Sanzol). Buenos Aires: Sudamericana, 1994.

Este livro foi composto em Scala Pro e Filson Pro, impresso em papel offset 75 g/m², em novembro de 2023. Primeira reimpressão em janeiro de 2025, pela Gráfica Viena em São Paulo.